太极拳拳架一点通

系列之二：四十八式和杨式四十式太极拳

成仁芬　刘月鹏　编著

人民体育出版社

作者夫妇近期生活照

师爷李经梧先生

师父梁宝根先生

作者夫妇与梁师父合影

吴式第六代、陈式第十二代传人成仁芬、刘月鹏的收徒仪式

作者夫妇与著名武术家、吴门师叔张全亮夫妇合影

作者夫妇与部分弟子在一起

北京大兴区丽园南区太极拳队合影

2016 年 4 月，在海南三亚南山集体夺金后太极伉俪与

北京市吴式太极拳研究会秘书长张志红女士合影

作者夫妇和弟子、学员与著名武术家张全亮先生合影

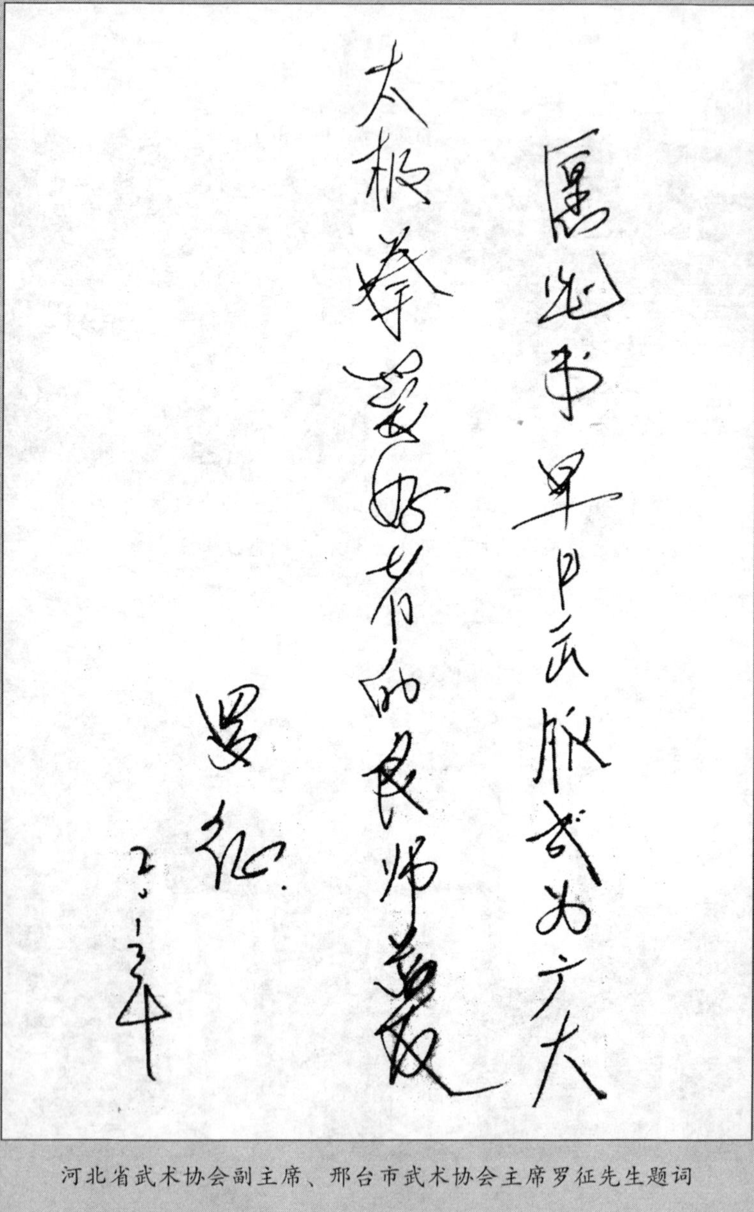

河北省武术协会副主席、邢台市武术协会主席罗征先生题词

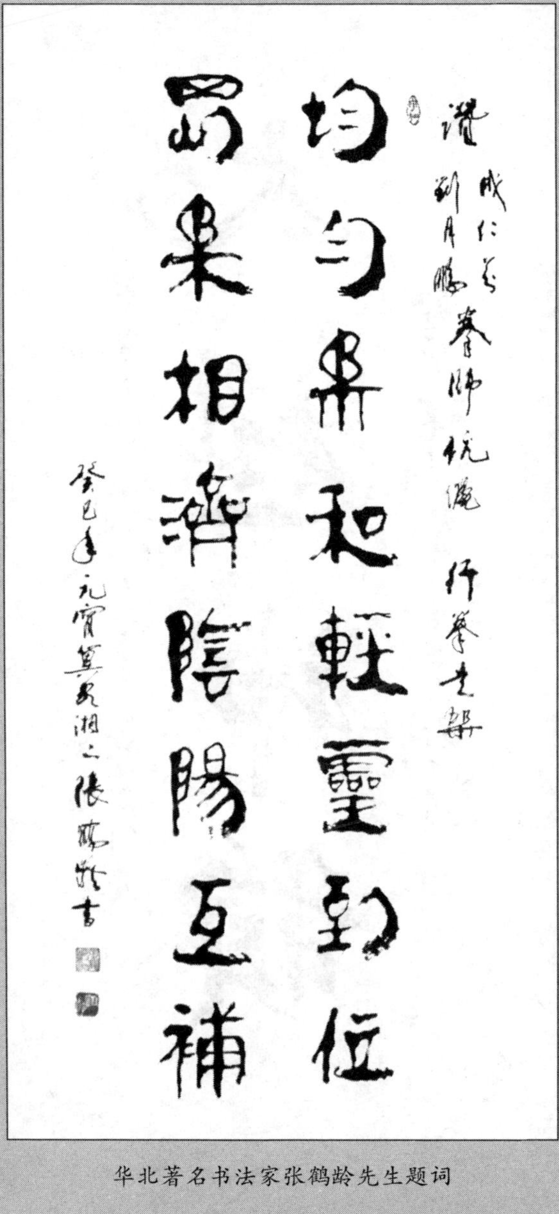

华北著名书法家张鹤龄先生题词

弟子张立忠题词

作者简介

成仁芬，1948年生于河北省巨鹿县。系当代太极大家李经梧先生的再传弟子，师承梁宝根先生，是吴式、武式第六代和陈式第十二代传人。

本人于1985年练拳，系中国武术协会会员、北京市吴式太极拳研究会会员、社会体育一级指导员，中国武术六段，曾任邢台市桥西区武协办公室主任。1996年在邢台市组织成立了“晨兴拳社”，任副社长兼教练员，长年义务教拳，从学者约上千人。曾20次参加本省、市和北京市、区级比赛，获二至六名11次、一等奖、二等奖9次。仅2015年就三次率弟子参加北京市“李天骥杯”“冯志强杯”“大兴区首届武术文化节暨武术大赛”，本人和弟子们摘金夺银纳铜。2016年其又率队参加北京市《武云龙杯》、随北京吴研会参加《三亚南山首届世界太极文化节》、率队参加《舞动夕阳、唱响香港》全国大赛，本人和弟子们又摘金纳铜，取得了优异的成绩。

她和丈夫刘月鹏都与太极拳结下了不解之缘，克服抚养孙辈、操持家务等诸多困难，每日闻鸡起舞，阴阳互补，被同门和太极拳爱好者誉为“太极伉俪”。

为了继承和发扬师爷李经梧先生的武德风范，为全民健身运动尽心尽力，她和老伴刘月鹏在打好陈、吴式传统套路的基础上，潜心钻研国家出台的各式竞赛套路，总结出了一套简易快速的学练方法，并编撰成一套丛书——《太极拳拳架一点通》系列一、系列二，由人民体育出版社出版，向全国发行。“太极伉俪”的名字和事迹已被载入《中国当代武林人物志》（下卷）中。

作者简介

刘月鹏，1949 年生于甘肃酒泉。系当代太极大家李经梧先生的再传弟子，师承梁宝根先生，是吴式、武式第六代和陈式第十二代传人。

本人于 1990 年练拳，系中国武术协会会员、北京市吴式太极拳研究会理事、社会体育一级指导员、中国武术六段。他和老伴成仁芬合写的三千余字的武术论文“浅论行拳走架中如何做到身法正、上下随、意气通”，在中华武术杂志 2012 年第 4 期上发表。此文在网上发布以后，被多家网站转载，受到武术界普遍好评。他曾著有 41 万字的长篇小说《穿过岁月的河流》，2011 年由解放军出版社出版发行。2015 年 3 月参加北京市（李天骥杯）武术太极拳锦标赛，获男子老年组竞赛吴式第八名；同年 5 月参加北京市（冯志强杯）武术太极拳精英赛，获男子老年组竞赛吴式第五名。

为了协助老伴成仁芬编写此丛书和录制光盘，全程参与工作。并在策划、选景、照像、录像、解说等方面做了大量的工作。

序

作者夫妇均系当代太极大家李经梧先生的再传弟子，师承梁宝根先生。是吴式、武式第六代和陈式第十二代传人，太极拳名家。他们练功练拳求精求实，数十年苦练不辍，且喜研理法，好悟诀窍，深得陈式缠抖刚发之力、吴式粘随柔化之功的真谛。夫妇俩在练拳中相互切磋，取长补短，刚柔相济，阴阳互补，被同门和太极拳爱好者誉为“太极伉俪”。他们秉承其师爷李经梧先生的武德风范，矢志为太极拳的普及推广尽心尽力。在传承传统太极拳文化的同时，还与时俱进，潜心钻研原国家体委组织专家创编的大众化太极拳套路，并反复实践，认真推敲，在招式和套路演练上力求规范到位，在学练方法上大胆探索，勇于创新，创造出了一套准确、快速的学练方法。此书成稿历时两年，其间夫妇二人遍访名师，征求意见，也偶至寒舍求教于我，得到些许提点，总是欣喜不已。夫妇二人如此年纪，如此执著，这种不遗余力的精神实为难能可贵。

此系列图书和配套光盘有三大特点。

一是准确性。正如作者在前言中写的：“这套系列简易快速学练法，严格遵循了太极拳的创编原理和行拳规则。对行拳路线、方向、角度以及每套拳的风格特点均未作丝毫改变，只是取其精髓，提炼精华，深入浅出，对各式作了独到的分解。”他们编写的这套图书和录制的教学光盘，思路清晰合理，教法新颖得当，讲解细致透彻，演示准确到位，使初学者易懂易学。对于虽习练太极拳多年但身法不正、上下不随、姿势不到位，在行拳中有这样或那样弊病（比如双重、抢步、低头、弯腰、凸臀等）的太极拳习练者，均可在重新学习中得以纠偏，由模糊而清楚，由错误而正确，在提高拳术方面迈上一个新台阶。此书既适合初学者，也适合其他习练者，确实是惠及广大太极拳爱好者的不可多得的实用图书。

二是简易性。他们编写的二十四式、四十二式、四十八式和杨式四十式太极拳简易快速学练法，是作者根据多年的教学经验、练拳体悟和对拳理拳法的探究，总结归纳出来的一种简便易学、行之有效的学练方法。把深奥的太极理论编写成通俗易懂的教学口令，恰如其分地与动作紧密结合起来，融入一招一式的分解教学之中。尤其是每句口令之间留有 2~3 秒钟的定势间隔，使从学者有了现场思考、加强记忆的空间。这种方法能使大家不出家门一看便懂，一学即会，为自学成才者构建了一个学拳的平台。

三是速成性。如今全民健身运动方兴未艾，太极拳要首当其冲走进学校、走进机关、走进社区、走进千家万户。社区中很多人有习练拳术的意向，但被太极拳的神秘面纱所羁绊，这套图书和配套光盘能使大家对太极拳有个正确的了解和认识，能激活因拳理深奥望而却步的人群，提高他们的自学兴趣和能力。只要按照这套方法习练，在短期内打好太极拳不是梦。

目前，这四套拳的简易快速学练法及配套光盘即将问世。这是一套习练太极拳的最基础的丛书，它提纲挈领，实用高效，教、学、练皆宜，适合广大太极拳爱好者，尤其适合初学者快速入门。我向大家推荐这套丛书——《太极拳拳架一点通》系列一、系列二（均附教学光盘），愿初学者和广大太极拳爱好者快速步入太极殿堂，早日圆"太极之梦"。

张全亮

2015 年 12 月 1 日

张全亮先生是北京鸣生亮武学研究会会长、北京吴式太极拳研究会常务副会长、北京八卦掌研究会顾问委员会副主任。

前 言

太极拳是中国武术的一块瑰宝，是中华民族智慧的结晶。在战争年代，它确实是一种御敌的极奥妙的武术。而在和平年代，它的主要目的是为了强身健体。清代太极拳名家王宗岳先生曾在太极拳《十三势行功歌诀》中说道："详推用意终何在，益寿延年不老春。"可见古代武术家对太极拳的健身作用还是十分肯定的。新中国成立以来，打太极拳又成为全民健身运动的主流。

我们发现在当前和谐的社会环境中，习练太极拳的爱好者越来越多，他们都希望能正确快速地掌握学拳的方法，以达到强身健体的目的。在当前太极拳进社区的大气候下，有很多人想学太极拳，但又觉得十分神秘和困惑：看书吧，由于拳理深奥看不懂；看光盘，又因没有老师的具体指点，也只知皮毛而不知内在含义；找老师教，身边又缺乏教学有方的太极名师。他们中的初学者和有这样或那样弊病的太极拳爱好者，想纠偏却苦于身边无得法的人，希望有一种适合他们的书和光盘问世。在短时间内快速规范地学好几套拳，老年人可用来丰富自己的晚年生活，修身养性、强身健体、延年益寿；青年人则陶冶自己的情操，丰富业余生活，减缓工作压力。本书所著二十四式、四十二式、四十八式和杨式四十式太极拳简易快速一点通的学练法，就是在这种形势下应运而生的。

这四套拳都是国家规定的标准化的产品，皆由原国家体委武术研究院审定、人民体育出版社出版发行，在国内外民众中流行甚广，我们夫妇二人也是这四套拳的习练者和受益者。说心里话，在编写这套系列简易快速一点通的学练法之初，我们思想上是有顾虑的：因为我们夫妇二人均是当代太极大家李经梧先生的再传弟子，师承梁宝根先生，编写国家出台套路的学练方法，会不会被人误解……但是一想到师爷李经梧先生曾在新中国成立初期就甘当新中国第一部简化太极拳的演示者，为当时全国的太极拳界树立了榜样，他的高风亮节时时鼓励着我们也要为国家发展太极拳运动尽一份绵薄之力。

因此，成仁芬除了修炼好本门所传的陈、吴、武太极拳、械传统套路外，还博采众家之长，对国家发布的规定套路也进行了深入的研究。经过多年的勤修苦练，她的太极拳架严格规范，以意导动，优美稳健，圆活自然，并日臻精纯，逐步形成了“均匀、柔和、轻灵、到位；刚柔相济，舒展大方”的独特个人风格。在长期的办班教学中，逐渐摸索出了这套适合初学者和中老年朋友学习掌握的简易快速一点通的学练方法，并严格遵循了太极拳的创编原理和行拳规则，对行拳路线、方向、角度以及每套拳的风格特点均未作丝毫改变，只是取其精髓，提炼精华，深入浅出，对各式作了独到的分解。她特别注重各式转换时的细节动作及学、练、教的规范、易懂的术语，使初学者有法可循，有技可依，完全是一种通俗易懂的辅助性的学练方法，是普及太极拳运动的最基础的学练材料，也是对原创的一种丰富。

在光盘教学中，成仁芬以她年近古稀的岁数亲自示教，配合教学口令，立体直观、准确到位地示范了每个单势动作。初学者可以不必死记硬背，教到哪一势，口诀配动作，就能触势生智，自学成才。目的是让太极拳轻松进入寻常百姓家，为全民健身运动贡献自己的力量。

跟她学练的学员中，有在职的年轻人，也有刚退休的中老年朋友，具有广泛的基层群众性。在教拳过程中，对有基础的和初学者都一视同仁，不嫌不弃，手把手施教。她诲人不倦，从不端架子，不怕麻烦，不计报酬，还针对学员年龄和身体条件不同分别进行指导，在学员中有很好的口碑。她还鼓励学员增强自信，勤学苦练，互相交流，取长补短。由于方法得当，教学严谨，从学者进步很快。多年的学练实践证明，只要按照这种方法习练，在短期内打好太极拳不是梦。

在本书即将成型之际，由北京鸣生亮武学研究会会长、北京吴式太极拳研究会常务副会长、北京八卦掌研究会顾问委员会副主任张全亮先生为本书作序。河北省武术协会副主席、邢台市武术协会主席罗征先生为本书题词；华北著名书法家张鹤龄先生为本书题词；弟子张立忠亦为本书题词。我们谨向他们表示衷心的感谢！本书成稿后，人民体育出版社的编辑们不辞辛苦，校对、改稿、重组、编辑付出了大量的心血，在此也一并致谢！

由于我们水平有限，错误和疏漏在所难免，敬请太极拳专家、武林同道和广大太极拳爱好者不吝赐教，以便我们在今后的教、学、练中不断改进、完善。

太极伉俪

2015 年 5 月 1 日

目　录

一、简易快速学练法是速通太极拳拳架的捷径

武术是中国传统文化的一部分，太极拳又是我国传统武术的一支奇葩。国家出台的太极拳套路，是在传统太极拳的基础上删繁就简创编的，一经出现就显示出了强大的生命力，全国广大太极拳爱好者都在习练，而且早已走向世界。

目前，学练国家出台的太极拳套路的爱好者越来越多，而且与日俱增。然而打好太极拳又不是一件轻而易举的事。太极拳的动作比较曲折、复杂多变，注重身法、步法、眼法，常常伴有行拳路线的改变等，初学的人往往摸不着头脑，手脚不能兼顾，手眼不能相随，身体歪斜，上下不能协调。看书吧，由于拳理深奥看不懂；看光盘又因没有老师具体指点，只知皮毛而不知内在含义；请老师教，身边又缺乏教学有方的太极名师。他们中的初学者和有这样或那样弊病的太极拳爱好者，想纠偏却苦于身边无得法的人，希望有一种适合他们的习练方法，在短时间内快速正确地学好几套拳，以达到强身健体的目的。

本书正是适应了这一需求，把深奥的太极理论编写成通俗易懂的教学口令，深入浅出地与动作紧密结合起

来，融入到一招一式的分解教学之中，按照国家规定套路的要求，对每一动的方向、路线、手型、手法、步型、步法、重心、眼神等都以“要领提示”的方式加以详细的说明。尤其是式与式之间的衔接、每个动作转换时启承转接的细节之处，均采取了大众喜闻乐见的图文并茂的形式、视频助教的学练方法，既言简又意赅，使大家有种亲临现场视听之感，能在轻松、愉悦的氛围中领略习练太极拳的乐趣。在分解学练中，每一式都可以停下来反复练习，使初学者能够深入理解、加强记忆、熟中生巧，使之更容易上手学练。随着熟练程度的提高，学员们就能把分解动作连贯起来演练，而且逐步符合太极拳的重心稳定、上下相随、速度均匀、圆活自然的要求。

这套系列简易快速一点通的学练法，是我们在数十年的习练和教学中总结出来的一套行之有效的方法。然而，快速并不是飞速和神速，不是几天几个月就能学正确的。学一套拳时间的长短因人而异，是根据自身条件，比如年龄、性别、身体素质、悟性、基本功和学拳的决心等来决定的。

这套图书和配套光盘能使大家对太极拳有一个正确的了解和认识，能激活因拳理深奥而望而却步的人群，提高民众自学的兴趣和能力，是广大太极拳爱好者速通太极拳拳架的一条捷径。

二、对太极拳爱好者学练此法的几点要求

（一）牢记速通口诀 反复进行练习

这套方法借鉴了太极拳名家陈鑫“以诀示要”的成功经验，是以口诀引导动作来进行练习的。大家只有把口诀记熟背会，按口诀反复练习，才能做到心法、身法、手法、腿法和眼法的有机配合，才能快速准确地学会每个单式乃至整套拳。

（二）注重腰肌训练 达到以腰为轴的目的

太极拳的行拳走架是以“腰”为轴的武术运动。《拳论》称“腰为主宰”，就突出了“腰功”在太极拳习练中的核心地位。有人说，“打拳不用腰，拳架一定糟”，这是一条朴实的真理。只要做到以腰为轴带动四肢和躯干运动，快慢相间，节节贯穿，开合有变，拳架才能圆活连贯，如行云流水绵绵不断。反之，行起拳来则显得僵硬、机械、死板。在技击方面也是如

此。武禹襄在《十三势说略》中提到："其根在脚，发于腿，主宰于腰，形于手指。"就是说发力时，两脚蹬地的劲与两手发出的劲是以腰为轴上下贯通的整体劲。可见腰劲是练太极拳最大的基本功之一。那么，平时应该怎么练腰劲呢？那要遵循《拳论》中"立如秤准"的原则，即立身中正，按照"上下一条线，任凭两手转"的方法，练习腰带动上肢左右转动上下拔长，反复练习。久而久之，自然能达到以腰为轴的目的。

（三）增强腿功训练 旨在稳定重心

太极拳要求虚实分明，总是一条腿微屈站立支撑全身的重量，换重心后再以另一条腿支撑全身的重量，两膝关节交替处于半屈状态，伸屈频繁，单肢负重很大。有很多初学太极拳的人，开始两三个月常常感到腰膝疼痛，有的人认为这是练出来的毛病，就知难而退，不再练拳了，这不能不说是一种遗憾。笔者告诉大家练拳中腰膝疼痛是正常现象，是肌肉、筋腱负荷锻炼的结果，不是病态，没必要那样畏惧。希望大家不要半途而废，继续坚持锻炼，就会逐步适应这种运动量，使肌腱的力量增大、关节的稳定性增加，就不会再发生疼痛了。等练到支撑腿"入地三尺"，身体就不会左晃右摆，重心就"稳如泰山"了。

（四）锻炼腹式呼吸 提倡自然呼吸

打太极拳时运动量比平时增大好几倍，光靠胸式呼吸是不够的，那样会上气不接下气。所以，初学者一定要锻炼腹式呼吸。怎样练腹式呼吸呢？就是舌抵上腭，用鼻吸气，做到细、匀、深、长，把气用意识慢慢导至丹田，再缓缓用口鼻呼出来。这种方法采取坐、卧、站的方法均可，天天坚持练习，久而久之，即可练成腹式呼吸。

初学太极拳时，我们不提倡动作配合呼吸，只要求呼吸顺畅自然（个别定势例外）。《十三势行功心解》上说："全身意在精神，不在气，在气则滞。"如果强求动作配合呼吸，则会造成"闭气"的毛病，影响放松，制约功力。当然，待行拳纯熟时，呼吸会自然而然地配合动作，希望大家慢慢体会其中的奥妙。

（五）苦练基本功 力求准确到位

练太极拳是件轻松愉快的事，但要达到较高水平，非苦练基本功不可。基本功包括：站桩功、平衡功、腰功；需要压腿、踢腿（正踢和侧踢）、骗腿；进行控腿和下势训练，还要练好太极步，有条件的还可劈左右叉甚至横叉。这些基本功训练都对打好太极拳，使之准确到位有很大作用，但要因人而异进行有选择的练习。

笔者认为，要想学练好太极拳，以上几点是必不可少的。总之，在学练太极拳的过程中，只有在老师的指导下长年累月苦学勤练，持之以恒，循序渐进，才能练出上乘功夫。祝大家排除困难，每天闻鸡起舞，早日步入“太极殿堂”。

三、四十八式太极拳简介

四十八式太极拳是1976年国家体委武术研究院组织太极拳专家编写发布的。它和二十四式太极拳一样，继承和发扬了传统杨式太极拳的风格特点，但它比二十四式在数量上增加了一倍，而且加大了难度和运动量。除了以杨式为主外，还吸收了其他流派的一些特点，增添了左右对称的动作，提高了锻炼的全面性，形成了均衡全面、圆活稳健、刚柔相济、快慢相兼、动作处处走弧线的运动风格，深受广大太极拳爱好者的喜爱。

四、四十八式太极拳拳术名称

起势

第一段

1. 白鹤亮翅　　2. 左搂膝拗步

3. 左单鞭　　4. 左琵琶势

5. 捋挤势（三）　　6. 左搬拦捶

7. 左掤捋挤按

第二段

8. 斜身靠　　9. 肘底捶

10. 倒卷肱（四）　　11. 转身推掌（四）

12. 右琵琶势　　13. 搂膝栽捶

第三段

14. 白蛇吐信（二）　　15. 拍脚伏虎（二）

16. 左撇身捶　　17. 穿拳下势

18. 独立撑掌（二）　　19. 右单鞭

第四段

20. 右云手（三）　　21.右左分鬃

22. 高探马
23. 右蹬脚
24. 双峰贯耳
25. 左蹬脚
26. 掩手撩拳
27. 海底针
28. 闪通背

第五段

29. 右左分脚
30. 搂膝拗步（二）
31. 上步擒打
32. 如封似闭
33. 左云手（三）
34. 右撇身捶
35. 左右穿梭
36. 退步穿掌

第六段

37. 虚步压掌
38. 独立托掌
39. 马步靠
40. 转身大捋
41. 撩掌下势
42. 上步七星
43. 独立跨虎
44. 转身摆莲
45. 弯弓射虎
46. 右搬拦捶
47. 右掤捋挤按
48. 十字手

收势

五、四十八式太极拳教学口令词

起势

（1）两脚并拢，松静站立。
（2）重心右移，左脚向左横开半步，与肩同宽。
（3）两掌心向下，两臂缓缓向前平举，与肩同高。
（4）屈膝，两掌下按至腹前。

第一段（1～7式）

1. 白鹤亮翅

（1）重心左移，上体微左转，收右脚抱球。
（2）撤半步，后坐右转，划弧。
（3）左转体，虚步亮掌。

2. 左搂膝拗步

（1）上体微左转，摆臂。
（2）右转，两手交叉划弧。
（3）收左脚侧举臂。
（4）微左转出步，屈右肘。
（5）左弓步搂推掌。

3. 左单鞭

(1) 后坐、翘左脚。
(2) 右转，扣脚划弧。
(3) 重心左移，收右脚穿右掌。
(4) 出右步搭腕。
(5) 弓步向前划半圆。
(6) 后坐，右转划平圆。
(7) 左转，扣脚旋掌。
(8) 重心右移，收左脚，斜按掌。
(9) 右掌变勾手。
(10) 左转出步，左手平捋。
(11) 弓步前推掌、蹬右脚。

4. 左琵琶势

(1) 勾变掌，跟半步摆按掌。
(2) 后坐、右转，摆臂回带。
(3) 上体左转，虚步合掌。

5. 捋挤势（三）

(1) 左转，活步穿右掌。
(2) 右转、扣脚，弓步抹掌。
(3) 收脚回捋。
(4) 出步搭手。
(5) 右弓步前挤。

（6）后坐翘脚，翻右掌。
（7）左转、扣脚，弓步穿抹。
（8）收脚回捋。
（9）出步搭手。
（10）左弓步前挤。
（11）后坐翘脚，翻左掌。
（12）右转、扣脚，弓步穿抹。
（13）收脚回捋。
（14）出步搭手。
（15）右弓步前挤。

6. 左搬拦捶

（1）后坐撇脚，微右转、伸左掌。
（2）重心前移，收左脚、握拳。
（3）左转上步，摆脚、前搬拳。
（4）继续左转，翻拳划弧。
（5）上步拦掌。
（6）右弓步打拳。

7. 左掤捋挤按

（1）松拳后坐，摆脚前伸掌。
（2）重心前移，两手划弧，收脚抱球。
（3）微左转出步、斜抱球。
（4）左弓步前掤。
（5）微左转，翻掌前伸。

（6）后坐、右转、后捋。
（7）左转搭手。
（8）左弓步前挤。
（9）右手前穿、翻掌心向下。
（10）分掌后坐，翘脚回引。
（11）两掌下沉至腹前。
（12）左弓步前推按。

第二段（8～13式）

8. 斜身靠

（1）后坐扣脚，右转、分掌。
（2）重心左移，两手划弧，收脚合手。
（3）右转出步，两手握拳。
（4）右弓步撑靠。

9. 肘底捶

（1）后坐翘脚，拳变掌。
（2）左转，扣脚、摆臂。
（3）重心右移，收脚抱球。
（4）微左转，出步分掌。
（5）撇脚，左转划弧。
（6）跟步摆掌。
（7）后坐穿掌，虚步劈掌。

10. 倒卷肱（四）

（1）松拳，右手划弧侧后举。
（2）翻掌微左转。
（3）屈右肘提左脚。
（4）退步前推掌。
（5）左转，左手划弧侧后举。
（6）翻掌微右转。
（7）屈左肘提右脚。
（8）退步前推掌。
（9）右转，右手划弧侧后举。
（10）翻掌微左转。
（11）屈右肘提左脚。
（12）退步前推掌。
（13）左转，左手划弧侧后举。
（14）翻掌微右转。
（15）屈左肘提右脚。
（16）退步前推掌。

11. 转身推掌（四）

（1）撤步划弧侧举掌。
（2）扣脚、碾脚、左转体。
（3）左转出步、屈右肘。
（4）跟步搂推掌。
（5）右转，扣脚、碾脚、侧举掌。

（6）右转出步、屈左肘。

（7）跟步搂推掌。

（8）扣脚，碾脚侧举掌。

（9）左转出步、屈右肘。

（10）跟步搂推掌。

（11）微右转，扣脚、碾脚、侧举掌。

（12）右转出步、屈左肘。

（13）跟步搂推掌。

12. 右琵琶势

（1）撤步后坐，左转，摆臂回带。

（2）上体右转，虚步合掌。

13. 搂膝栽捶

（1）左转，收脚，回捋。

（2）出步搭手掤。

（3）重心前移，跟步划平圆。

（4）后坐、左转、提脚跟侧举掌。

（5）上体右转，出步握拳。

（6）弓步搂栽捶。

第三段（14 ~ 19 式）

14. 白蛇吐信（二）

（1）后坐翘脚，提托掌。

（2）扣脚，左后转体，摆臂。
（3）摆脚、屈肘、拳变掌。
（4）歇步前推掌。
（5）起身，侧举掌。
（6）上步摆脚、屈左肘。
（7）歇步前推掌。

15. 拍脚伏虎（二）

（1）上左步，两掌划弧。
（2）右手拍脚侧举。
（3）盖步，两手平摆。
（4）出步划弧两握拳。
（5）弓步右转、双贯拳。
（6）后坐、翘脚、拳变掌。
（7）扣脚右转、穿右掌。
（8）重心左移，上步划立圆。
（9）左手拍脚侧举。
（10）盖步，两手平摆。
（11）出步划弧两握拳。
（12）弓步左转双贯拳。

16. 左撇身捶

（1）后坐翘脚，拳变掌。
（2）左转、扣脚、穿左掌。
（3）重心右移，两手划弧。

(4) 收脚，左手握拳合手。
(5) 左转，出步举拳。
(6) 左弓步撇打。

17. 穿拳下势

(1) 后坐翘脚，拳变掌。
(2) 左转，撇脚划弧。
(3) 重心前移，收脚握拳。
(4) 左拳上穿，伸右腿。
(5) 屈蹲成仆步。
(6) 上体右转穿右拳。

18. 独立撑掌（二）

(1) 撇右脚、扣左脚、弓步上挑拳。
(2) 松拳，提膝独立穿撑按。
(3) 落脚落手微右转。
(4) 重心前移，提膝独立穿撑按。

19. 右单鞭

(1) 右脚后撤，弓步穿伸掌。
(2) 后坐、回捋。
(3) 微左转，搭手掤。
(4) 左转，弓步划半圆。
(5) 后坐、翘脚，向后划平圆。
(6) 扣脚，转体旋臂。

(7) 重心左移，收右脚斜按掌。

(8) 左手变勾。

(9) 右转出步，右手平捋。

(10) 弓步前推掌。

第四段（20～28式）

20. 右云手（三）

(1) 后坐、扣脚、左转、右手划弧。

(2) 左勾变掌，右转腰云手。

(3) 并步翻掌。

(4) 左转腰云手。

(5) 横开步翻掌。

(6) 右转腰云手。

(7) 并步翻掌。

(8) 左转腰云手。

(9) 横开步翻掌。

(10) 右转腰云手。

(11) 并步翻掌。

21. 右左分鬃

(1) 重心左移，收右脚抱球。

(2) 微右转出步，斜抱球。

(3) 右弓步分靠，蹬左脚。

(4) 后坐翘脚，撇右脚。

（5）微右转，收脚右抱球。
（6）微左转出步、斜抱球。
（7）左弓步分靠。

22. 高探马

（1）跟半步前伸掌。
（2）后坐、右转、侧举臂。
（3）左转，虚步前推掌。

23. 右蹬脚

（1）右转，带摆臂。
（2）出步穿右掌。
（3）弓步划立圆。
（4）收脚合抱。
（5）提膝，蹬脚分掌。

24. 双峰贯耳

（1）收腿并手。
（2）落脚落手掌变拳。
（3）右弓步双贯拳。

25. 左蹬脚

（1）后坐翘脚，拳变掌。
（2）撇脚、弓步、两分掌。
（3）收脚合抱。

（4）提膝、蹬脚分掌。

26. 掩手撩拳

（1）收脚、划弧、上举拳。
（2）出左步右转，旋臂落腰间。
（3）左转，弓步前撩拳。

27. 海底针

（1）跟步拳变掌。
（2）后坐右转，两手划弧，提右手。
（3）左转，虚步搂按、斜插掌。

28. 闪通背

（1）上体微右转，收左脚上提手。
（2）出左步，翻右掌。
（3）弓步撑推掌。

第五段（29～36式）

29. 右左分脚

（1）后坐扣脚，转体划弧。
（2）重心左移、收右脚合抱。
（3）提膝，分脚分手。
（4）收腿翻右掌。
（5）落脚穿左掌。

（6）弓步划立圆。
（7）收脚合抱。
（8）提膝，分脚分手。

30. 搂膝拗步（二）

（1）落脚，右转划弧侧举臂。
（2）微左转出步、屈右肘。
（3）弓步搂推掌。
（4）后坐翘脚。
（5）撇脚、微左转。
（6）重心前移，收右脚侧举臂。
（7）微右转出步、屈左肘。
（8）弓步搂推掌。

31. 上步擒打

（1）后坐翘脚，穿右掌。
（2）撇脚右转，弓步划平弧。
（3）上步掌变拳。
（4）弓步前打捶。

32. 如封似闭

（1）跟步拳变掌。
（2）分掌、后坐、回引。
（3）上步，两掌下沉至腹前。
（4）左弓步前推按。

33. 左云手（三）

（1）后坐扣脚，右转、划立圆。
（2）左转腰，划立圆云手。
（3）并右脚翻掌。
（4）右转腰，划立圆云手。
（5）横开步翻掌。
（6）左转腰，划立圆云手。
（7）并脚翻掌。
（8）右转腰，划立圆云手。
（9）横开步翻掌。
（10）左转腰，划立圆云手。
（11）并脚翻掌。

34. 右撇身捶

（1）撤步伸探掌。
（2）后坐、左转、两掌划弧。
（3）收右脚，右掌变拳合手。
（4）右转出步，上架拳。
（5）弓步撇打捶。

35. 左右穿梭

（1）松拳、后坐、翘脚。
（2）扣脚，右弓步穿抹。

(3) 收脚回捋。
(4) 出步搭手掤。
(5) 弓步向前划半圆。
(6) 跟步左转，划平圆。
(7) 后坐、右转、旋臂、出左步。
(8) 弓步架推掌。
(9) 后坐、翘脚、右转体。
(10) 扣脚，弓步穿抹。
(11) 收右脚，回捋。
(12) 出步搭手掤。
(13) 弓步向前划半圆。
(14) 跟步右转，划平圆。
(15) 后坐、左转、旋臂、出右步。
(16) 弓步架推掌。

36. 退步穿掌

(1) 后坐翘脚，左转摆臂。
(2) 撤步，穿按掌。

第六段（37～48式）

37. 虚步压掌

(1) 后坐扣脚，转体举臂。
(2) 重心左移、移右脚，虚步横压掌。

38. 独立托掌

提膝撑托掌。

39. 马步靠

(1) 落步、右转、撇脚、摆臂。
(2) 收脚、右手上举、左握拳。
(3) 左转出步、落右手。
(4) 半马步斜靠。

40. 转身大捋

(1) 后坐、翘脚、拳变掌。
(2) 撇脚、双旋掌。
(3) 左转，收脚、撑托掌。
(4) 碾脚，左转体。
(5) 撤步、平捋。
(6) 侧弓步滚压肘。

41. 撩掌下势

(1) 后坐右转，旋臂后穿拳。
(2) 撇脚、扣脚、左转、松拳。
(3) 跟步，丁步撩掌。
(4) 后坐，右转划弧，收脚变勾手。
(5) 屈蹲伸左腿。
(6) 左转，仆步穿掌。

42. 上步七星

（1）撇左脚、扣右脚、弓步挑掌后勾手。
（2）上右脚，虚步十字拳。

43. 独立跨虎

（1）撤步拳变掌。
（2）后坐、右转，划弧摆臂。
（3）左转划弧，丁虚步压掌。
（4）独立挑勾手。

44. 转身摆莲

（1）右后转体、扣脚、带摆臂。
（2）碾脚，重心左移、穿右掌翻掌心向上。
（3）右转，摆臂翻掌。
（4）上体左转，提膝摆拍脚。

45. 弯弓射虎

（1）提膝摆掌。
（2）落步，两掌下落。
（3）右转体，两掌划弧握拳。
（4）左转，弓步架打捶。

46. 右搬拦捶

（1）后坐翘脚，拳变掌。

（2）扣脚、左转、穿抹掌。

（3）收脚划弧、右握拳。

（4）上步、摆脚、前搬拳。

（5）重心前移，右转翻拳划弧。

（6）上步拦掌。

（7）左弓步打拳。

47. 右掤捋挤按

（1）后坐撇脚，拳变掌。

（2）重心前移，收脚左抱球。

（3）微右转出步、斜抱球。

（4）右弓步前掤。

（5）微右转，翻掌前伸。

（6）后坐、左转、后捋。

（7）右转搭手。

（8）右弓步前挤。

（9）穿左掌、翻掌心向下。

（10）分手、后坐，翘脚、回引。

（11）两掌下沉至腹前。

（12）右弓步前推按。

48. 十字手

（1）后坐、扣右脚、左转、摆臂。

（2）撇脚，侧弓步分掌。

（3）重心右移，两掌下沉，扣左脚。

（4）收脚合抱。

收势

（1）翻掌，两掌平分。

（2）垂臂，两手下落。

（3）并步还原。

六、四十八式太极拳口令词图解及要领一点通

起势：

（1）两脚并拢，松静站立。（图 6–1）

图 6–1

要领提示：身体自然直立，两脚并拢，脚尖向前，头颈正直，下颌微收，口闭齿扣，舌抵上腭，胸腹放松，沉肩垂臂，两手轻贴于大腿外侧；精神集中，身体中正安舒，呼吸自然；眼平视前方。

（2）重心右移，左脚向左横开半步，与肩同宽。（图 6–2）

图 6–2

要领提示：左脚向左横开半步时，左脚要轻起轻落、点起点落，重心应先右移，再轻提左脚跟（吸气）慢慢向左横开半步，脚尖以不超过右踝骨的高度为宜，脚前掌先着地，然后全脚踏实（呼气），重心平稳左移，两脚的外沿与肩同宽，重心在两腿之间；左脚跟轻提到全脚踏实，要节节贯穿，不可有断续处；两臂松垂，两腋含空，身体不可随开步左右晃动，要松腰松胯，上体中正，忌八字脚；眼向前平视。

图 6–3

（3）两掌心向下，两臂缓缓向前平举，与肩同高。（图 6–3）

要领提示：两手臂向前平举时，两前臂内旋，两掌翻转向后，以肩为轴，用意念带动两臂两掌缓缓向体前平举，内含掤劲，劲贯手背，与肩同高、同宽，两肩松沉，两臂直中有屈，肘尖下垂，腕关节与前臂持平，不要提腕或折腕，手指微屈，手心向下，忌耸肩、抬肘，身体保持中正，不要前倾；眼向前平视。

（4）屈膝，两掌下按至腹前。（图 6–4）

要领提示：两腿缓慢屈膝半蹲，大腿与地面约成 45°~60°斜角。两掌轻轻下按，要松腰、坐胯、敛臀，上体保持中正，不可凸臀，重心仍落于两腿之间；到位时要展掌、舒指，力达掌心，掌与膝上下相对，两掌下按为呼气，忌坐腕、肘尖外撑或上扬；两掌下按要与两腿屈膝协调一致，同时到位；眼仍平视前方。

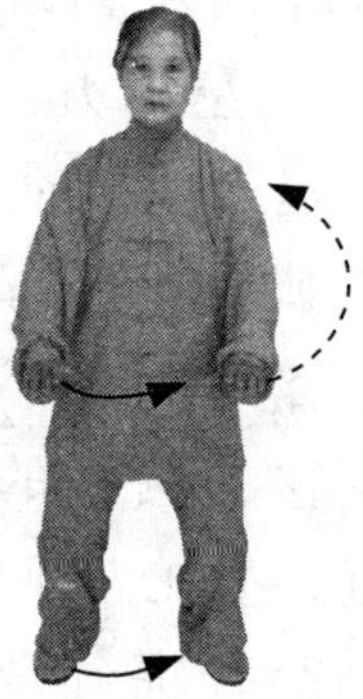

图 6–4

第一段（1 ~ 7 式）

1. 白鹤亮翅

（1）重心左移，上体微左转，收右脚抱球。（图 6–5）

要领提示：“抱球”要与上体微左转、重心左移、收右脚同步。重心左移时，左胯要松沉，左臀与左脚跟成一垂直线，不可外凸，同时以腰带臂，左掌微上提，左臂屈收在左胸前；右掌经腹前向左划弧，两掌左上右下掌心相对，在左胸前成“抱球状”，两腋含空；左手高不过肩，右手约与腰平，两臂成弧形，上臂与前臂之间的夹角大约120°，肩要松沉，左肘微下垂，忌耸肩、肘上扬；同时右脚提起并内收；眼看左掌前方。

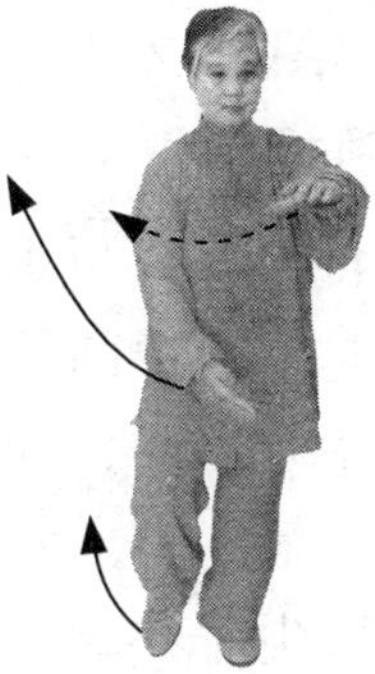

图 6–5

（2）撤半步，后坐右转，划弧。（图 6–6）

图 6–6

要领提示：两掌划弧要以右转腰来带动，并与右脚后撤半步、重心后移协调一致。两掌的运行路线是：随转腰右掌自左下方向右上方划弧，左掌向右划弧；右脚撤步时，脚前掌先着地，随即右脚跟内收踏实，右胯里缩，后坐，上体保持正直，忌猫腰或凸臀。

(3) 左转体，虚步亮掌。(图 6–7)

图 6–7

要领提示：右手亮掌、左手下采要与上体微左转、左脚稍内移成左虚步协调一致、同时到位；左虚步时，右腿膝部与脚尖上下相对、同一方向，臀部与脚跟大体相对，左脚尖朝正前（起势方向），既不要夹裆也不要敞裆，左膝部微屈，松腰、缩胯、敛臀，上体保持中正，不可猫腰、凸臀或挺胸；虚步亮掌，要以腰为轴，用腰的左转来带动，同时右掌提至额前右上方，掌心向内，左掌按至左胯旁，两臂呈弧形；两脚虚实的比例约为 1:9，即虚腿为 1 分，实腿为九分。眼向前平视。

2. 左搂膝拗步

(1) 上体微左转，摆臂。(图 6–8)

要领提示：右掌前摆时，不要光抡臂而不转腰，右掌前摆是在腰微左转的带动下进行的，以腰带臂，右掌下落前摆至体前（掌心斜向上），但不要超过身体中线，上体保持中正，不可前倾；目视前方。

（2）右转，两手交叉划弧。（图 6–9）

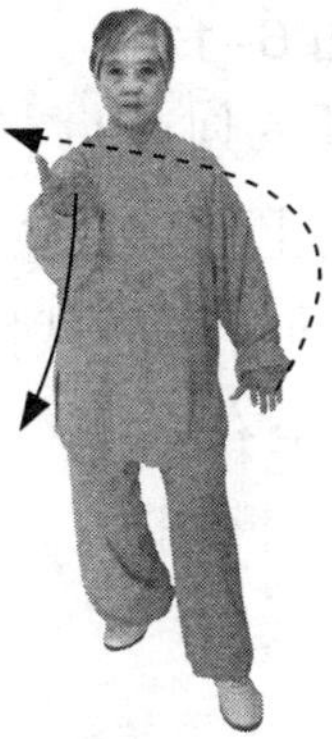

图 6–8

图 6–9

要领提示：右掌下划，左掌上划（举至体前，腕与肩平）要与右转体协调一致，重心仍在右腿，上体保持正直；右掌心向上置于体前，左掌心斜向右；目视左掌前方。

（3）收左脚侧举臂。（图 6–10）

图 6–10

要领提示：两掌划弧，右掌侧举要与上体右转、收左脚协调一致，重心仍在右腿；左脚收至右脚内侧，重心不得升高，下盘支撑要稳，上体中正；随转体收脚，右掌经下向右后上方划弧举至与耳同高；左掌经面前向右下划弧至右肩前，掌心斜向下；眼随手动。

(4) 微左转出步，屈右肘。(图 6–11)

要领提示：右掌屈肘圈耳，左掌下划要与上体微左转、左脚前迈协调一致，同时到位，上体保持中正；两掌的运行路线是：左掌应从右肩前向下前伸划弧至腹前，掌心向下；右臂屈肘，右掌收至右耳侧，虎口对耳，掌心斜向前，手掌与腕部放松；目视前方。

(5) 左弓步搂推掌。(图 6–12)

图 6–11

图 6–12

要领提示：右掌前推，左掌搂按要与重心前移成左弓步协调一致。此势是拗步推掌，以食指、中指领劲，右掌前推（指尖与鼻平）。弓步搂推是正前方向（起势方向），两脚之间的横向距离约 30 厘米，两脚夹角约 45°~60°。注意弓步、搂按与推掌要同时到位，不可先弓腿后推掌或先推掌后弓腿。推掌时，右手要与右脚跟在一条直线上，不可斜推，与“拗步手与足合”的拳论相符合；定势时，两肩松沉，右臂微屈沉肘，掌根前顶，沉腕、展掌、舒指；左掌经左膝前上方搂过，按至左腿外侧（左掌的位置不要太靠后），坐腕、展掌、舒指，上体中正，松腰沉胯；目视右掌前方。

3. 左单鞭

（1）后坐、翘左脚。（图 6–13）

要领提示：上体后坐时，重心应向后平移于右腿，收胯、敛臀，上体中正，并与左脚尖翘起协调一致。

（2）右转，扣脚划弧。（图 6–14）

图 6–13

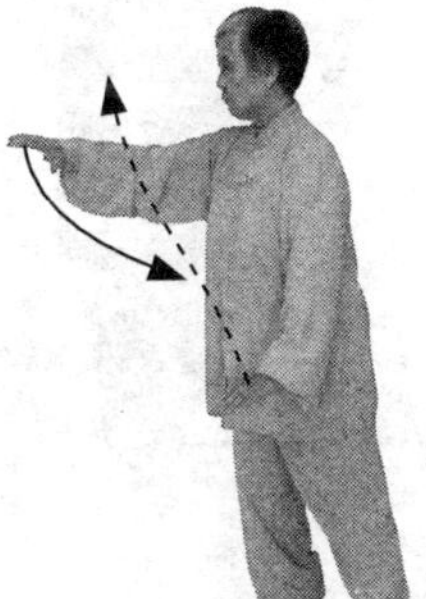

图 6–14

要领提示：右臂后带划弧是在上体右转的带动下进行的，并与左脚内扣协调一致，右胯里缩，重心在右腿，上体保持中正；右掌后带划至体前，掌心向下；眼随右手动。

（3）重心左移，收右脚穿右掌。（图 6–15）

要领提示：右掌斜向前穿是在腰的带动下进行的。穿掌要与上体微左转、重心左移、收右脚协调一致，同时到位；两掌的运行路线是：左掌自左下向上划，臂微屈收至体前，高与肩平，掌心向下；右臂外旋，右掌由体前向下划，经左肘下向左前方穿出，掌心向上；眼看右掌。

（4）出右步搭腕。（图 6–16）

图 6–15

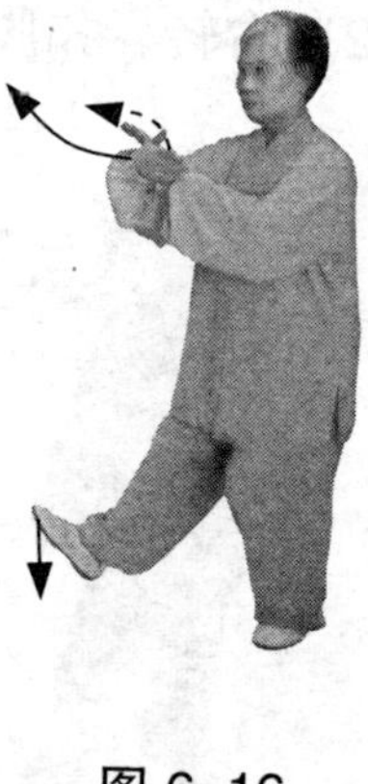

图 6–16

要领提示：搭腕、上体微右转、右脚上步（西）三者要同步，到位时，两脚之间的横向距离约 10 厘米；左掌附于右腕内侧，掌心斜向外，上体保持中正，敛臀；眼看两手。

（5）弓步向前划半圆。（图 6–17）

要领提示：两掌向前划平圆（半个平圆）要与上体右转、重心前移成右弓步协调一致；弓步时，左腿自然蹬直，膝部不可僵挺，两掌随弓步自左向前划半个平圆，右掌心斜向上、左掌心斜向下；身体不要前够，上体保持正直，松腰、松胯；目视前掌。

（6）后坐，右转划平圆。（图 6–18）

图 6–17

图 6–18

要领提示：右掌向后划平圆要与上体右转、重心后移（后坐）、右脚尖翘起协调一致，同时进行，同时到位；右掌后掤时（划半个平圆，掌心向上），左掌仍附于右前臂内侧，掌心斜向下；右胯里缩、坐左胯、敛臀，上体要中正，不可挺胸或后仰；眼看右掌。

（7）左转，扣脚旋掌。（图 6–19）

要领提示：旋掌要与上体微左转、右脚尖内扣协调一致。旋掌时，右肩松沉，同时右前臂在右肩前内旋，右掌随之平旋，屈肘内收，经右肩前按至体前，掌心斜向前；左掌也随之翻转（左前臂外旋），掌心斜向上；左腿屈膝，左胯里缩，松腰坐胯，上体平稳转动；上体保持中正，不可后仰、左右歪斜和左胯上顶。

弓步向前划半圆、后坐右后划平圆、左转扣右脚旋掌前按，都要以腰为轴，带动上肢运转，同时要松腰、松胯、敛臀，上体保持中正；眼随手动。

(8) 重心右移，收左脚，斜按掌。（图 6–20）

图 6–19

图 6–20

要领提示：右掌斜按要与重心右移、收左脚协调一致。右腿屈膝，重心向右平移，不可升高；左脚收至右脚内侧；同时右掌斜按，力在小鱼际，右掌按出的方向是右前方，掌心斜向前，左掌扶于右腕内侧，掌心斜向内；眼看右掌。

（9）右掌变勾手。（图 6–21）

要领提示：上式不停。右手五指捏拢变为勾手，勾尖向下，腕微凸。右手五指捏拢时，腕部不要绕转腕花，五指要同时捏拢，不要依次捏拢。

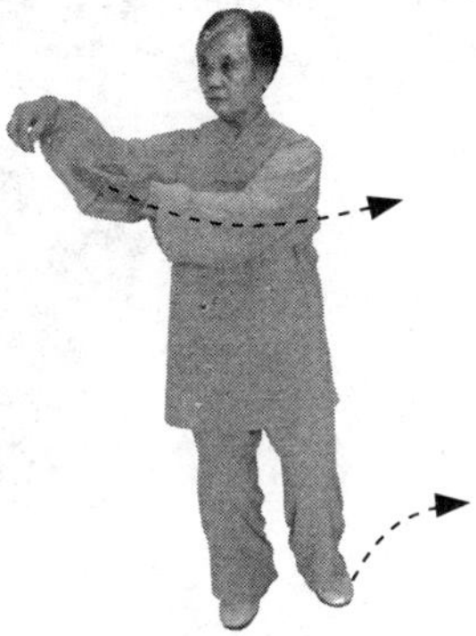

图 6–21

（10）左转出步，左手平捋。（图 6–22）

要领提示：左手平捋要与上体左转、左脚出步协调一致。左掌应从右腕处随转体出步经面前弧形缓缓向左平捋（掌心斜向内）至体前；出步时重心不要过早前移，忌抢步，方向是左前方，注意敛臀；眼随手动。

图 6–22

（11）弓步前推掌、蹬右脚。（图 6–23）

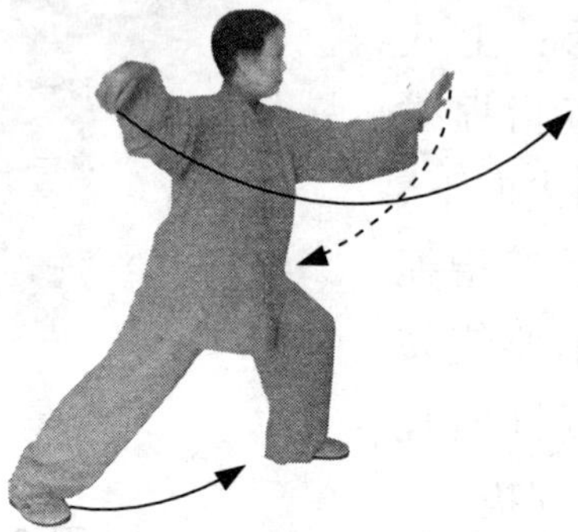

图 6–23

要领提示：左掌前推要与上体微左转、重心前移、蹬右脚成左弓步协调一致；左掌应随转体以左前臂的旋转来带动，边移动边翻转边前推，到位时要松腰松胯，沉气，左臂微屈，沉肩、沉腕、展掌、舒指，力在掌根；左手指尖对鼻，左肘与左膝、左手与左脚尖上下相对，右勾手微后撑；定势时，蹬右脚成 45°，左膝不得超过脚尖，两脚脚跟之间的横向距离约 10 厘米，上体保持中正；目视左掌。

4. 左琵琶势

（1）勾变掌，跟半步摆按掌。（图 6–24）

要领提示：右脚跟进半步时，要松腰缩胯，脚前掌着地，两脚之间的距离约一脚长。随腰微左转、右脚跟步、右前臂外旋，右勾变掌、向内向前平摆至体前，掌心斜向上；左掌划弧下按（至左胯前）也是在转腰的带动下进行的，同时要与重心前移、右脚跟进半步协调一致，右手不得超过身体中线，上体不可前探，要立身中正；眼看右掌。

（2）后坐、右转，摆臂回带。（图 6–25）

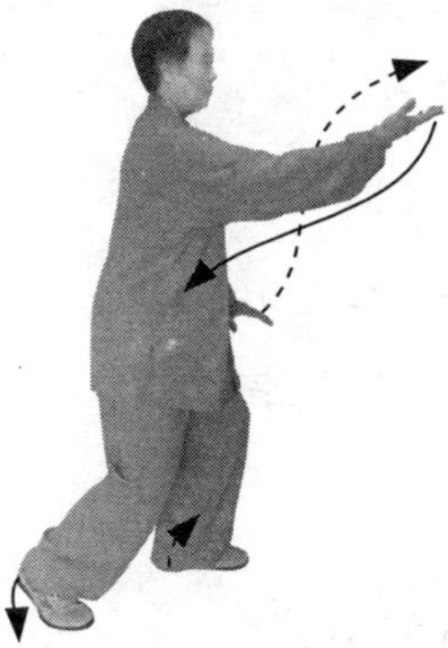

图 6–24

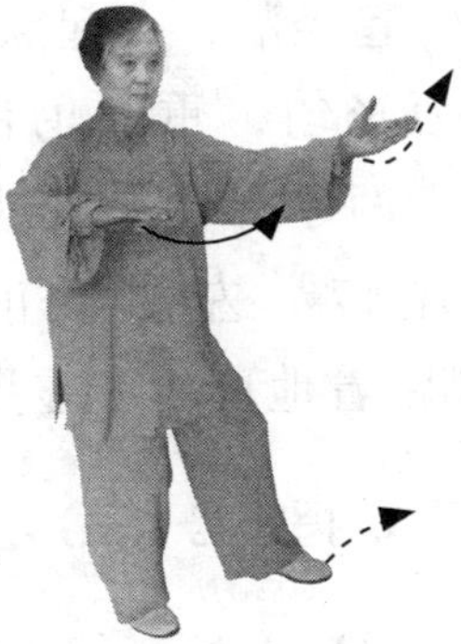

图 6–25

要领提示：左手前摆挑举（掌心斜向上），右臂回带（掌心翻转向下）要与上体微右转、重心后移，上体后坐、左脚跟微抬协调一致；右胯下沉里缩，上体保持中正；眼随体转。

（3）上体左转，虚步合掌。（图 6–26）

要领提示：虚步合掌时，应以腰带臂，两前臂微外旋，配合呼气，两臂松沉相合并略带前送成侧立掌，左掌与眉心相对，右掌心与左肘相对；松肩垂肘，松腰坐胯、敛臀，上体中正，不要挺胸后仰或上体前俯而凸臀；两臂两掌合力前送时，忌两肘相夹或做成剁臂。提步（脚跟先离地，然后全脚轻轻提起）落步时，左脚要轻起轻落，点起点落，用力轻匀，重心仍在右腿；两掌相合要与上体微左转、左脚微前移（脚跟着地）成左虚步协调一致；眼看左掌。

图 6-26

5. 捋挤势（三）

（1）左转，活步穿右掌。（图 6-27）

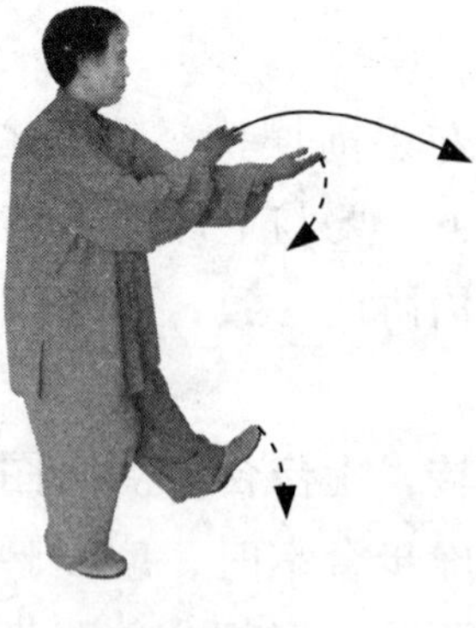

图 6-27

要领提示：右掌斜穿要与上体微左转、左脚活步（向左外移步）协调一致；同时，右掌自左前臂上穿出，掌心翻转向下；左掌翻转向上；眼看右掌。

（2）右转、扣脚，弓步抹掌。（图 6–28）

要领提示：右掌平抹要与上体微右转、左脚尖内扣、重心前移成左弓步协调一致。两掌的运行路线是：随转体弓步右掌由左向右前方划弧平抹，掌心斜向下；左掌向后划弧，收至右肘内侧下方，掌心斜向上；眼看右掌。

（3）收脚回捋。（图 6–29）

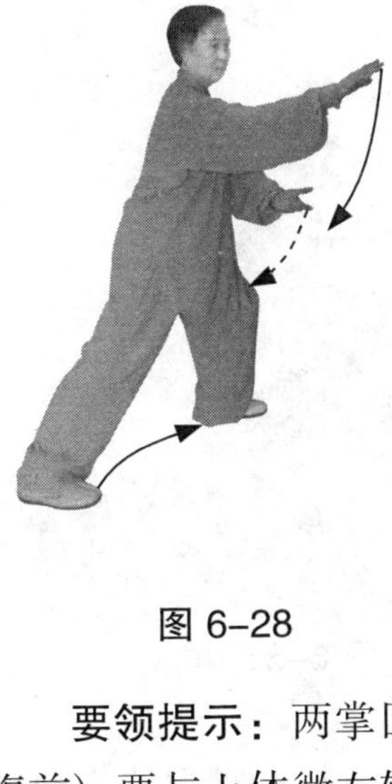

图 6–28

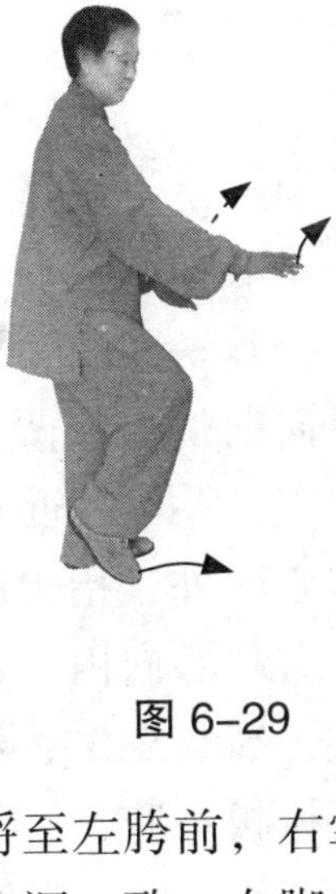

图 6–29

要领提示：两掌回捋（左掌捋至左胯前，右掌捋至腹前）要与上体微左转、收右脚协调一致；右脚收至左脚内侧（脚尖不点地），重心不得升高，身体不可左右晃动，要收胯敛臀，上体中正；眼随手动。

（4）出步搭手。（图 6–30）

要领提示：两掌相搭要与上体微右转、右脚右前迈步脚跟着地协调一致，上体保持中正；两掌翻转屈臂搭腕上举，收于胸前时，两掌应在体前边翻转边上提（左前臂内旋，右前臂外旋）掌心相对；目视两掌前方。

图 6–30

（5）右弓步前挤。（图 6–31）

要领提示：两掌前挤要与重心前移成右弓步协调一致；随弓步两臂同时向前挤出，两臂撑圆，左掌指贴近右腕，掌心向外，指尖斜向上；右掌心向内，指尖向左，高与肩平；到位时，松腰沉胯，上体中正，不可前俯或后仰；弓步的方向与右脚尖的方向是右前方。

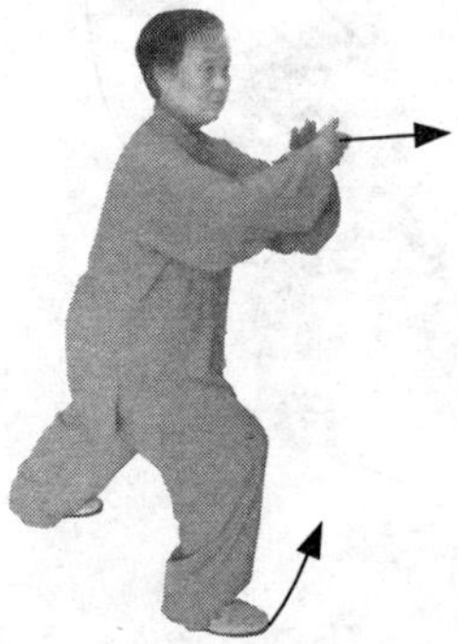

图 6–31

弓步与穿抹、收脚与回捋、出步与搭手、弓步与前挤都要以腰为轴带动四肢运动，手与脚上下要协调。到位时，眼看右腕前方。

（6）后坐翘脚，翻右掌。（图 6–32）

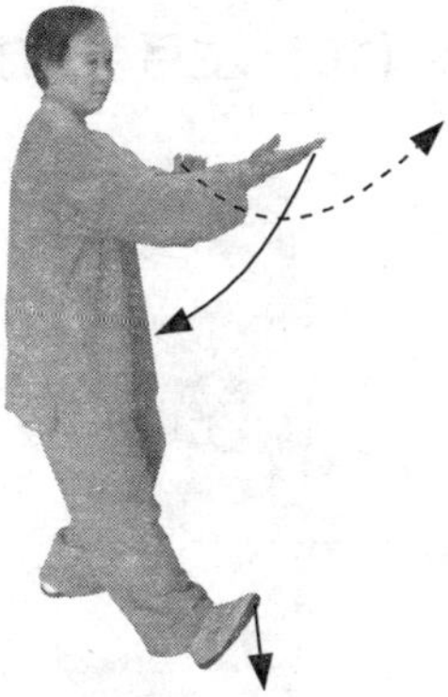

图 6–32

要领提示：右掌翻转前伸，左掌屈肘回带要与上体微左转、重心后移、右脚尖上翘上下协调配合；右掌翻掌心向上，左掌屈肘回带至右臂内侧，掌心向下；眼看右掌。

（7）左转、扣脚，弓步穿抹。（图 6–33）

（8）收脚回捋。（图 6–34）

图 6–33

图 6–34

（9）出步搭手。（图 6–35）

（10）左弓步前挤。（图 6–36）

图 6–35

图 6–36

左捋挤式（7）~（10）动与右捋挤式（2）~（5）动的要领提示相同，唯动作左右相反。

（11）后坐翘脚，翻左掌。（图 6–37）

（12）右转、扣脚，弓步穿抹。（图 6–38）

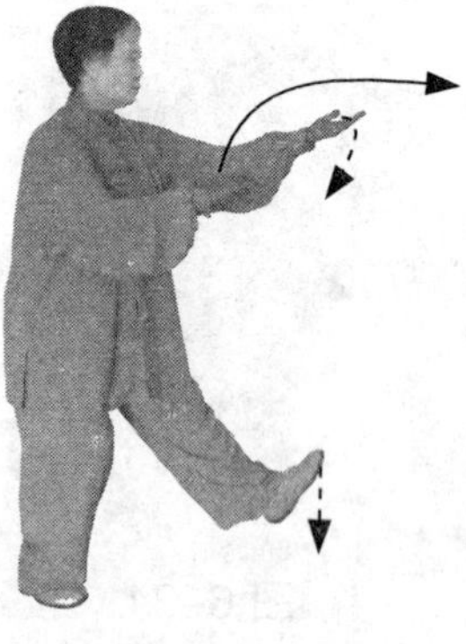

图 6–37

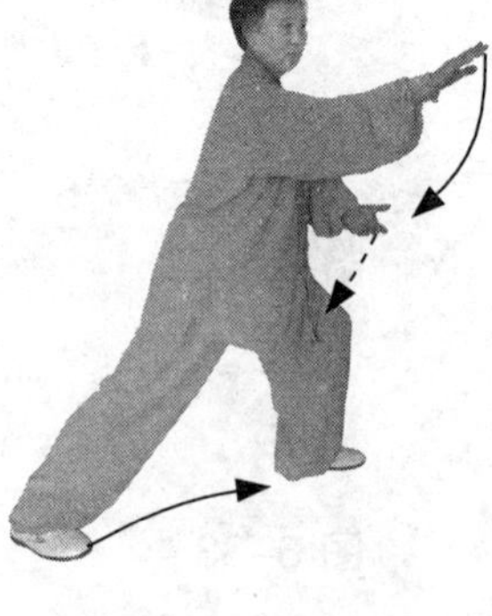

图 6–38

（13）收脚回捋。（图 6–39）

（14）出步搭手。（图 6–40）

（15）右弓步前挤。（图 6–41）

图 6–39

图 6–40

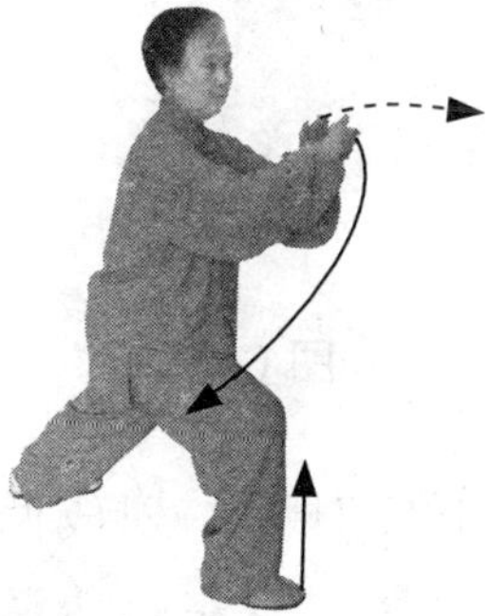

图 6–41

Θ右捋挤式（11）~（12）动与左捋挤式（6）~（10）动的要领提示相同，唯动作左右方向相反。（13）~（15）动与本势的（3）~（5）动的动作和要领提示相同。

6. 左搬拦捶

（1）后坐撇脚，微右转、伸左掌。（图 6–42）

要领提示：左掌前伸，右掌下划要与上体微右转、重心后移后坐、右脚尖上翘并外展上下要协调一致。上体要中正，松腰、坐胯、敛臀；随重心后移，左掌向左前伸展，掌心斜向下；右掌向下划弧至右胯旁，掌心向上；眼看左掌前方。

（2）重心前移，收左脚、握拳。（图 6–43）

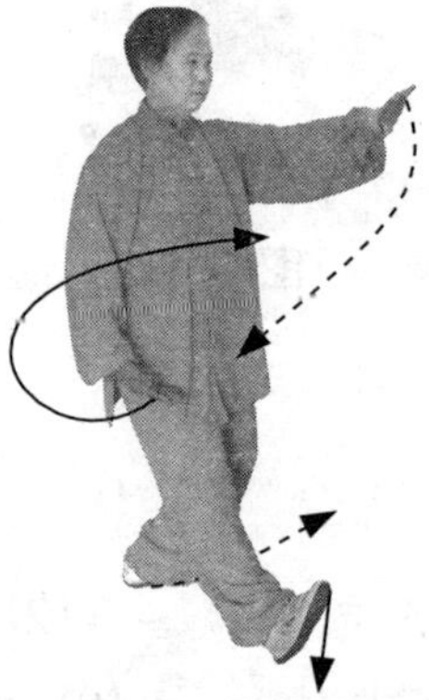

图 6–42

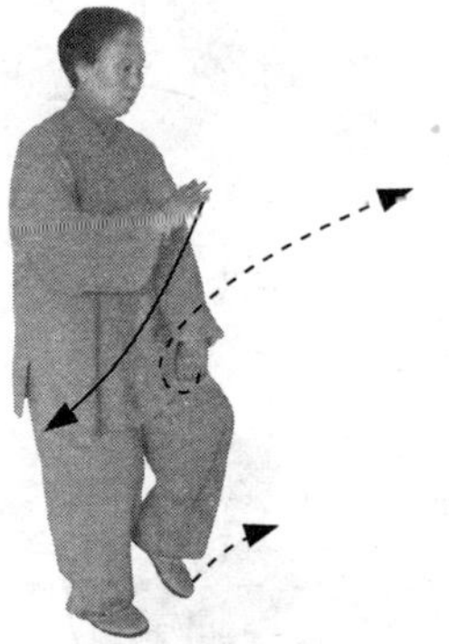

图 6–43

要领提示：两手划弧前后上下要对称，划成两个相交的立圆，左掌握拳并与重心前移、收左脚协调一致。收脚时，重心平移于右腿，重心不得升高，上体保持中正，收胯敛臀。两手的运行路线是：右掌由下向右后划弧，再向上卷收，停于体前，掌心向下，高与肩平，左掌向下、向右划弧收于腹前变拳，拳心向下；眼看右掌。

(3) 左转上步，摆脚、前搬拳。(图 6–44)

要领提示：左拳前搬，右掌下按要与上体微左转、左脚向前上步，脚跟着地、脚尖外撇协调一致；左拳前搬时，以腰带臂，以肘关节为轴，左前臂翻转搬打，拳心翻转向上，高与胸平，力在拳背，不要先搬拳后上步或者先上步后搬拳；右掌下划按至右胯旁；到位时，上体保持中正，忌凸臀；眼看左拳。

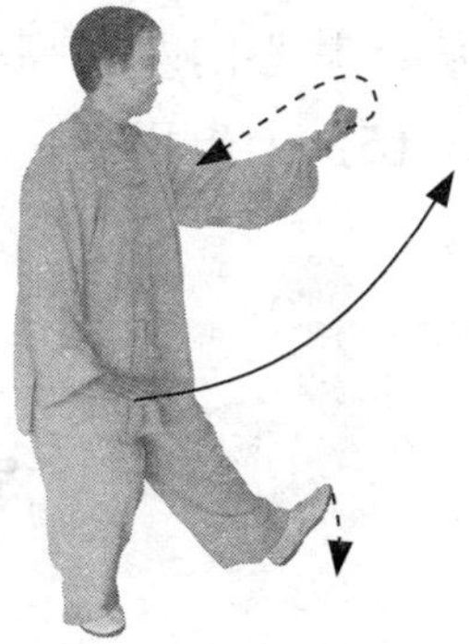

图 6–44

(4) 继续左转，翻拳划弧。(图 6–45、图 6–45 附图)

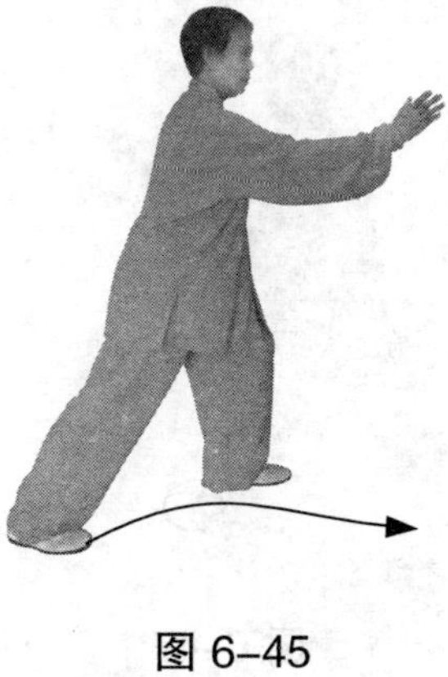

图 6–45

图 6–45 附图

要领提示： 左拳后划，右掌前划要与上体左转、重心前移、左腿屈弓、右脚跟微抬起协调一致。两手的运行路线是：随转体左前臂内旋，左拳向左，向后划弧收于左胯外侧，拳心向下；右掌经体侧向前划弧，前臂微外旋，掌心向左，高与胸平；眼看右掌。

（5）上步拦掌。（图 6–46、图 6–46 附图）

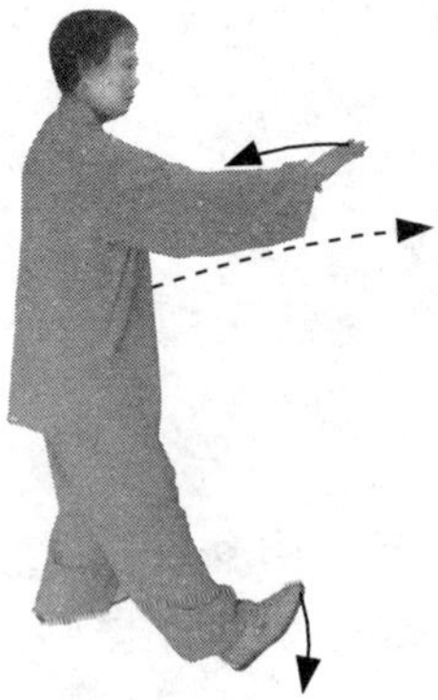

图 6–46

图 6–46 附图

要领提示： 右掌前拦（掌心向下），左拳外旋（拳心向上）收至左腰间要与上体微左转、右脚向前上步、脚跟着地协调一致；眼看右掌。

（6）右弓步打拳。（图 6–47）

图 6–47

要领提示： 弓步与

打拳要同步，同时上体微右转。随弓步左拳由腰际边翻转边向前打出，力在拳面；定势时，上体保持中正，不可前倾，松腰沉胯，左臂直中有屈，拳眼向上，高与胸平；右掌收于左前臂内侧，掌心向左；眼看左拳。

7. 左掤捋挤按

（1）松拳后坐，摆脚前伸掌。（图 6–48）

要领提示：左掌前伸，右掌下划要与上体右转、重心后移、右脚尖外摆上下协调配合，上体保持中正，敛臀；随后坐左拳变掌，左前臂内旋，左掌前伸，掌心翻转向下；同时右前臂外旋，右掌下划，掌心翻转向上；眼看左掌前方。

（2）重心前移，两手划弧，收脚抱球。（图 6–49）

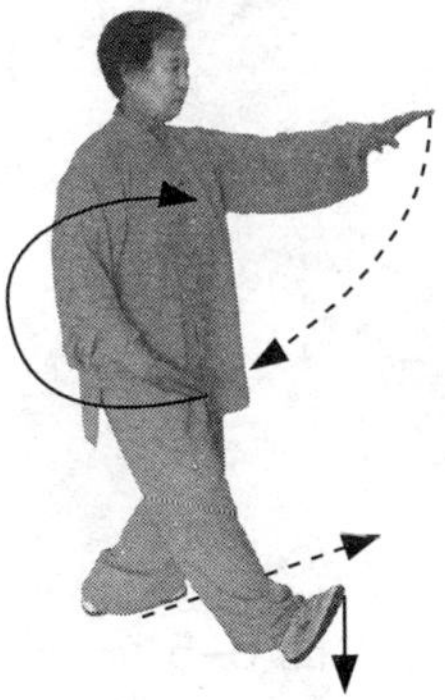

图 6–48

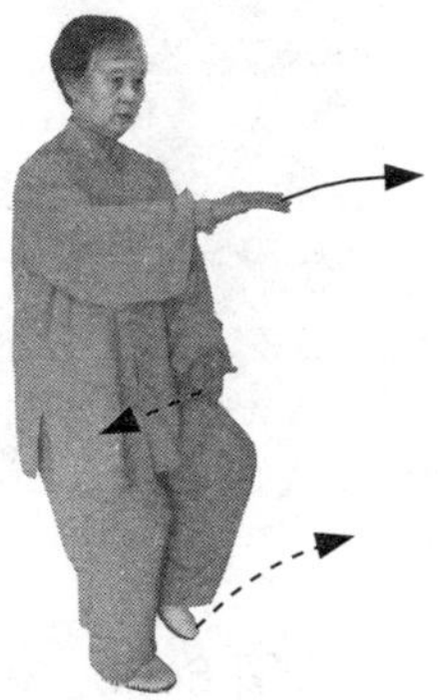

图 6–49

要领提示：收脚与抱球要同步；收左脚时，右脚踏平，重心向前平移于右腿并屈膝，左脚收至右脚内侧，身体不得升高，右胯松沉，敛臀，上体正直，同时左掌由前向下划弧至腰前，右掌自下向后、向上划弧收卷至胸前，两掌成“抱球状”，两掌心上下相对，腋下含空；眼看右手。

（3）微左转出步，斜抱球。（图 6–50）

要领提示：左脚上步（脚跟着地）要与上体微左转协调一致，同时两臂微微内合，右掌心斜向下，左掌心向上；左脚上步时，要松腰坐胯，重心仍在右腿，左胯放松，以大腿带小腿，左脚前迈，脚跟轻轻着地，上体仍保持中正，敛臀；眼看右掌。

（4）左弓步前掤。（图 6–51）

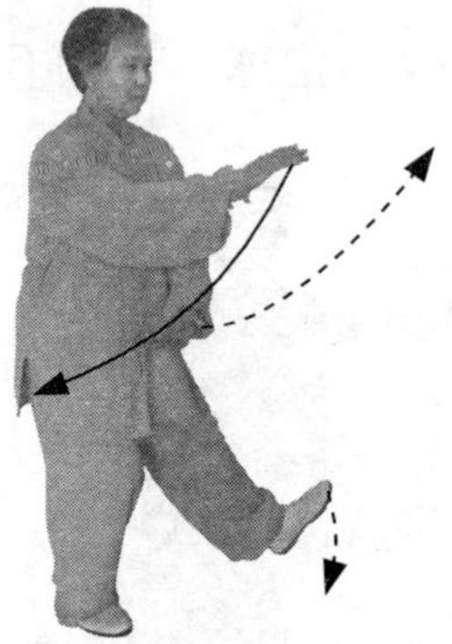

图 6–50

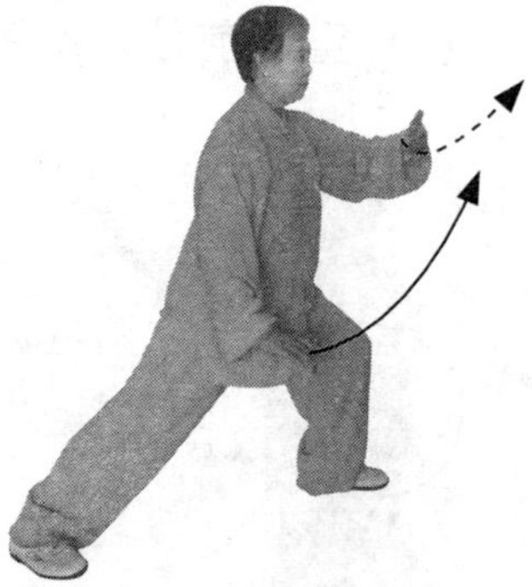

图 6–51

要领提示：左臂前掤，右掌下按要与上体左转、重心前移、蹬右脚成左弓步协调一致；随弓步左臂向前掤出（架出），力在前臂外侧，臂呈弧形，高与肩平，松肩，肘微垂，掌心向内对胸，右掌向下按于右胯旁，坐腕、展掌、舒指。定势时，松腰沉胯，上体中正，两脚夹角约45°~60°，两脚之间的横向距离约30厘米，左膝与左脚尖大体垂直；目视左前臂前方。

（5）微左转，翻掌前伸。（图6–52）

要领提示：两掌翻掌前伸，要边转腰边翻掌边前伸，两掌心斜相对，不要做成撩掌，两肩放松，两肘微垂。上体不要前探，两手不要前够，上体保持中正。两掌的运行路线是：随转腰左前臂内旋，左掌翻转前伸，掌心向下，右前臂外旋，掌心翻转向上，经腹前向上、向前伸至左前臂下方，两掌心斜相对；眼看左掌前方。

（6）后坐、右转、后捋。（图6–53）

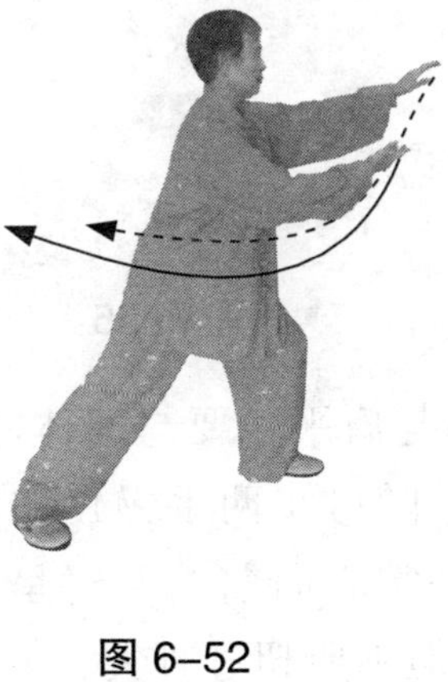

图6–52

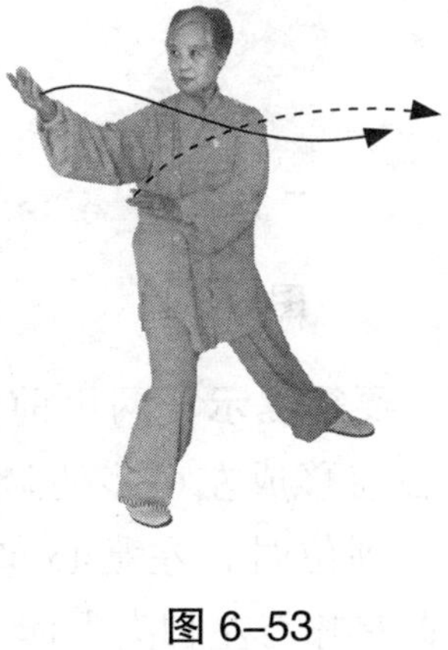

图6–53

要领提示：两掌后捋以腰右转来带动，并与重心后移协调一致；腰向右转，右胯里缩，敛臀，上体中正。

随转体后坐两掌下捋并经腹前向右后上方划弧，右掌心斜向上，高与肩平；左掌心斜向后，左前臂平屈于胸前；眼看右手。

（7）左转搭手。（图 6–54）

要领提示：两掌相搭要与左转腰协调一致；随转体右臂屈肘，右掌卷收，掌指贴近左腕，两臂掤圆，左胯里缩，上体保持中正，重心仍在右腿；眼看左掌。

（8）左弓步前挤。（图 6–55）

图 6–54

图 6–55

要领提示：两手前挤（高与肩平）要与上体左转、重心前移成左弓步协调一致；随弓步两手慢慢向前挤出，到位时，左掌心向内，右掌心向前，两臂呈半圆形；左膝与左脚尖大体垂直，但不要超过脚尖，上体保持中正，不可前倾或凸臀；目视左腕前方。

（9）右手前穿、翻掌心向下。（图 6–56）

要领提示：右掌经左腕上方向左前方穿出，左掌翻转，两掌心均向下；穿掌时，上体不可前探，两手不可前够；眼看两掌，步型不变。

（10）分掌后坐，翘脚回引。（图 6–57）

要领提示：两掌分开回引要与后坐、翘左脚协调一致；两掌左右分开与肩同宽，随重心后移两肩松沉，两臂屈肘，两掌回引，收至胸前。到位时，松腰、坐胯、敛臀，两掌心斜向前下方，上体要保持中正，不可后仰；眼看两掌前方。

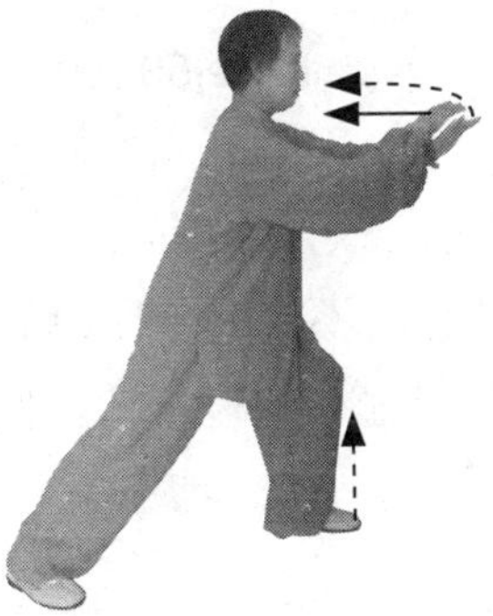

图 6–56

图 6–57

（11）两掌下沉至腹前。（图 6–58）

要领提示：重心不变，两掌慢慢下按至腹前，掌心斜向前下方；眼看两掌。

（12）左弓步前推按。（图 6–59）

要领提示：两掌前按要与弓步协调一致。随重心前移成弓步两掌向上、向前推按，要走弧线，腕与肩

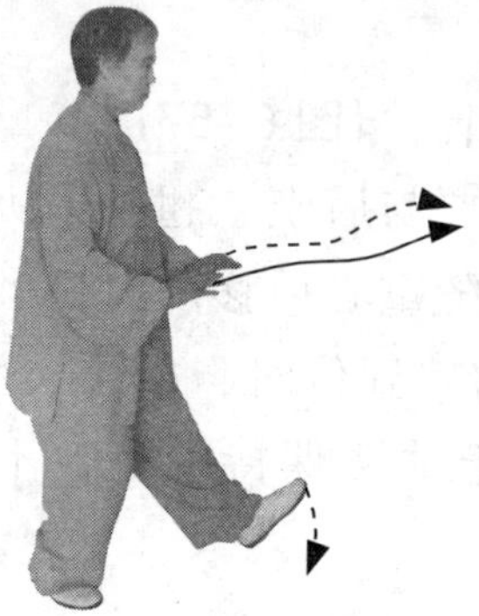

图 6-58

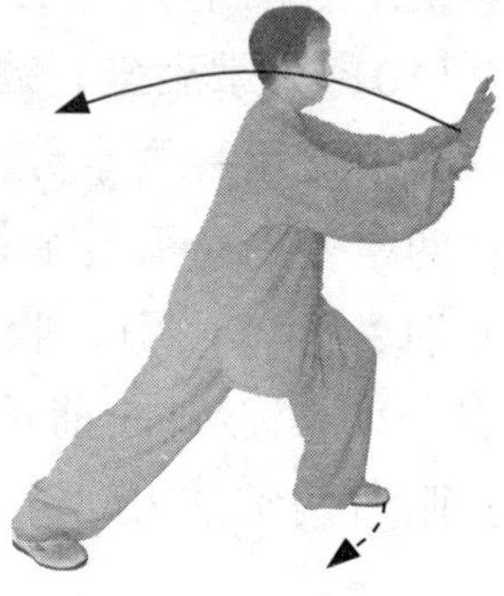

图 6-59

Θ平，两手之间的距离与肩同宽，松腰松胯、敛臀、沉肩坠肘、塌腕、舒指，上体中正，不可前俯或后仰；目视两掌前方。掤、挤、按要与弓腿协调配合；回捋□□与回引要与屈膝后坐协调配合；掤、捋、挤、按均要以转腰来带动。

第二段（8～13式）

8. 斜身靠

（1）后坐扣脚，右转、分掌。（图 6-60）

要领提示：动作转换时，身体右转，左脚尖内扣，重心平移右腿成右侧弓步，同时以腰带臂，右掌由左向右划弧至身体右侧，左掌对称地分举在身体左侧，两臂微屈，肘下垂，掌心向前；上体保持中正，松腰坐胯、敛臀，忌右胯上顶；眼看右手。

(2) 重心左移，两手划弧，收脚合手。(图 6–61)

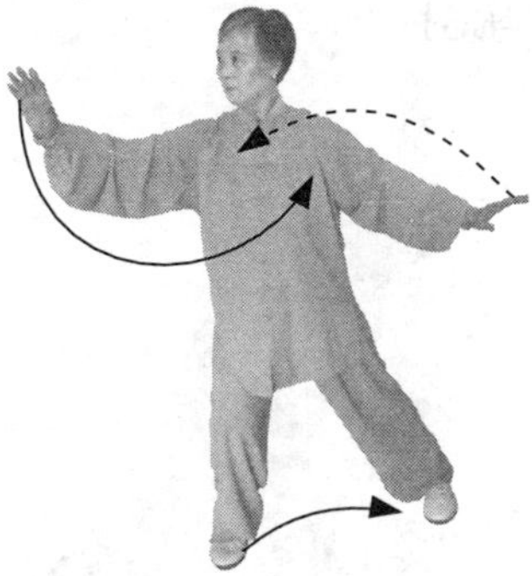

图 6–60

图 6–61

要领提示：两掌合抱要与重心左移、收右脚（右脚收于左脚内侧）协调一致，重心要向左平移。两掌的运行路线是：右掌向下、向左划弧收至体前，高与肩平；左掌同时划弧收至体前，两腕交搭，抱成斜十字形，掌心皆向内，右掌在外；眼随手动。

(3) 右转出步，两手握拳。(图 6–62)

图 6–62

要领提示：两手握拳要与上体微右转、右脚出步脚跟着地协调配合，右脚出步的方向是右前方约30°，脚跟要轻轻着地，脚尖上翘，上体保持中正，重心仍在左腿，坐胯、敛臀；眼看两拳前方。

（4）右弓步撑靠。（图 6–63）

要领提示：撑靠时，两臂内旋，以肩、臂为力点，向外撑靠并与重心前移、蹬左脚成右弓步协调一致，右拳向右上撑于右额角前，拳心斜向外；左拳向左下撑于左胯旁，拳心斜向后。注意沉肩松胯，上体正直，不可侧倾；目视左前方。

图 6–63

9. 肘底捶

（1）后坐翘脚，拳变掌。（图 6–64）

要领提示：两拳变掌要与重心后移，翘右脚协调一致；上体中正，收左胯、敛臀，同时右前臂外旋，右掌向内掩裹划弧翻掌心向

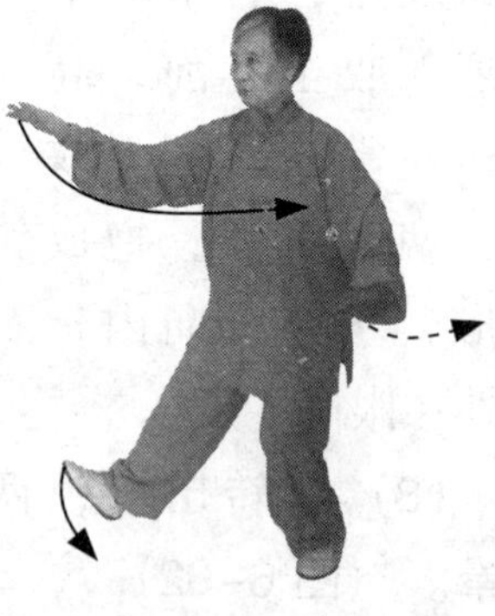

图 6–64

上；左拳变掌向左划弧；目视右掌前方。

（2）左转，扣脚、摆臂。（图 6–65）

要领提示：右臂右掌前摆要与上体左转、右脚尖内扣协调一致，左胯里缩，上体保持中正，左掌向内划至左胯外侧；目视右掌前方。

（3）重心右移，收脚抱球。（图 6–66）

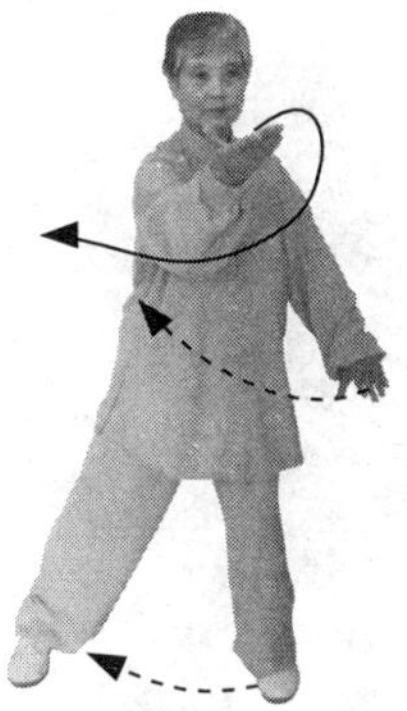

图 6–65

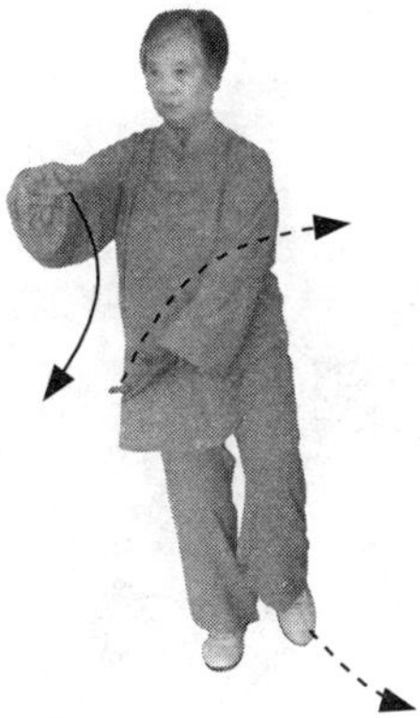

图 6–66

要领提示：抱手要与重心右移、收左脚上下协调一致；重心向右平移，右腿屈膝，左脚收至右脚内侧；同时右掌翻转并屈收于右胸前，掌心向下；左前臂外旋，左掌掌心翻转向上经腹前右划，两掌成抱球状，掌心上下相对，两腋含空，不夹肋；上体中正，敛臀；眼看右掌。

（4）微左转，出步分掌。（图 6–67）

要领提示：两掌分开要与上体左转、左脚向左前方垫步，脚跟着地协调一致；两掌的运行路线是：随转体左掌经右前臂下方向左上方划弧，掌心斜向内，高与鼻平；右掌经左胸前下划至右胯旁，掌心向下；眼看左掌前方。

（5）撇脚，左转划弧。（图 6–68）

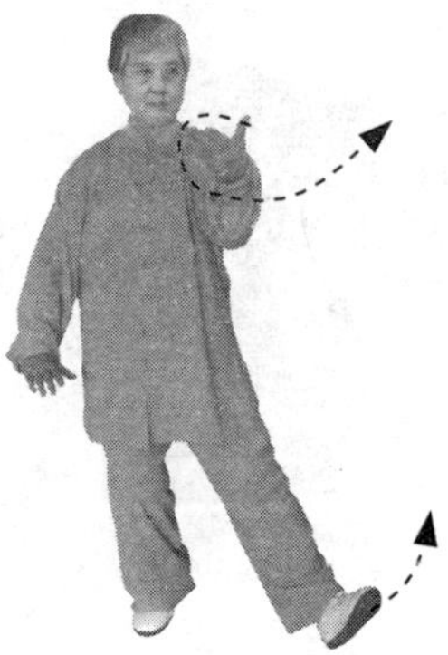

图 6–67

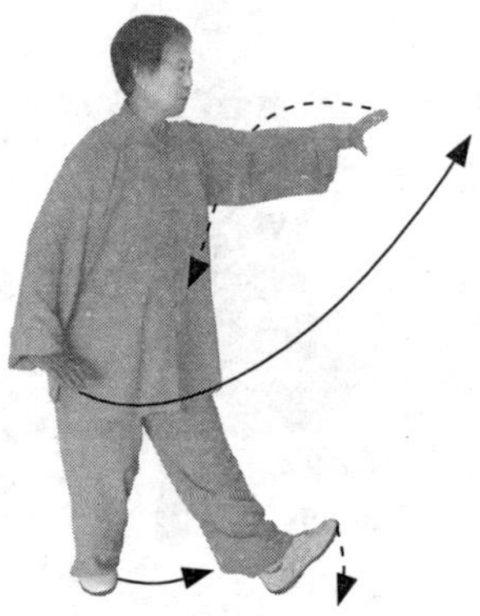

图 6–68

要领提示：左掌左划要与上体左转、左脚尖外撇协调一致，上体保持正直；随转体左掌左划（也叫左掌左捋）时，左前臂内旋，向左捋至身体左前方，掌心向前；右掌随转体而动；目视前方。

（6）跟步摆掌。（图 6–69）

要领提示：右掌前摆是在左转腰的带动下进行的，

并与重心前移左腿，右脚跟进半步，脚前掌着地（落在左脚后面）协调一致；右掌向右、向前划弧摆至体前，不要超过身体中线，掌心斜向上，高与鼻平；左掌划至左胯外侧，掌心向下；面向正前方；目视前方。

(7) 后坐穿掌，虚步劈掌。（图 6–70）

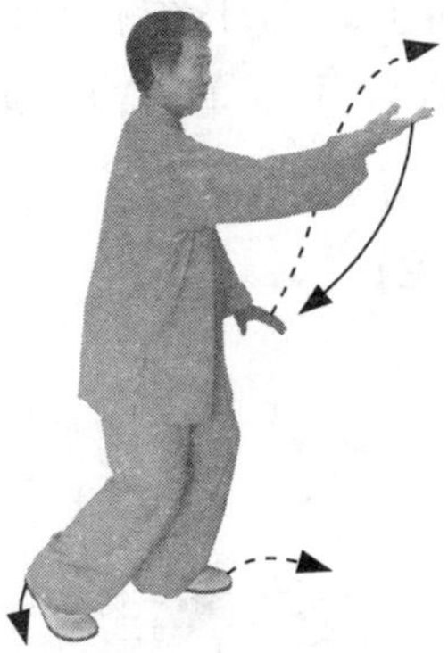

图 6–69

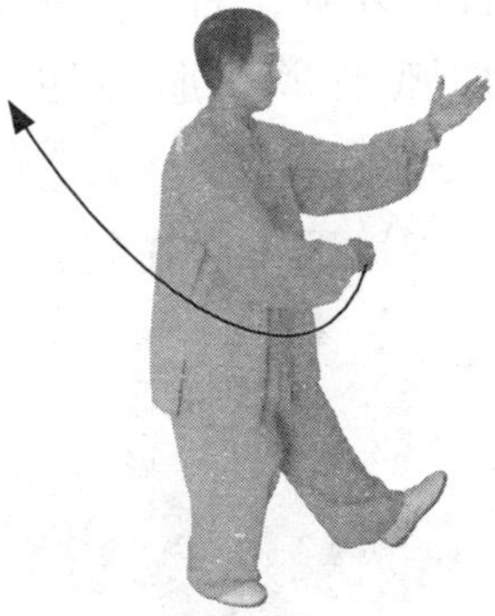

图 6–70

要领提示：左掌前穿，右掌微收要与腰微右转、重心后移、右脚踏实、左脚跟提起协调一致；左掌经腰际从右腕上向前穿出，掌心斜向上；眼随左手动。

劈掌、握拳要与腰微左转、左脚微前移，脚跟着地同时完成，步型是左虚步；劈掌时，左掌内旋成侧立掌，掌心向右，指尖对眉心；右掌变拳，屈肘回收至左肘内侧下方，拳眼向上，不要收至左肘下方，以免形成夹肋；整个动作要连贯，一气呵成，以腰带动四肢运动。定势时，松腰坐胯、松肩垂肘，劲力微沉，忌上体前倾或凸臀；眼看左掌。

10. 倒卷肱（四）

（1）松拳，右手划弧侧后举。（图 6–71）

要领提示： 右掌后划要与上体右转协调一致；随转体右臂外旋，右拳变掌掌心翻向上，右手经右胯外侧向后划弧平举，肘微屈，掌心斜向上，两臂的夹角约135°，忌两臂成一条直线；眼看右掌。

（2）翻掌微左转。（图 6–72）

图 6–71

图 6–72

要领提示： 两掌同时翻转向上要与上体左转同步，眼看左掌。

（3）屈右肘提左脚。（图 6–73）

要领提示：提脚与屈臂要协调一致，同时进行；提左脚时，右腿屈膝，左脚轻轻提起，不宜过高，以不超过右脚踝骨为宜，脚尖自然下垂；右臂屈肘，右掌卷收至耳侧，掌心斜向前，上体要中正；目视前方。

（4）退步前推掌。（图 6–74）

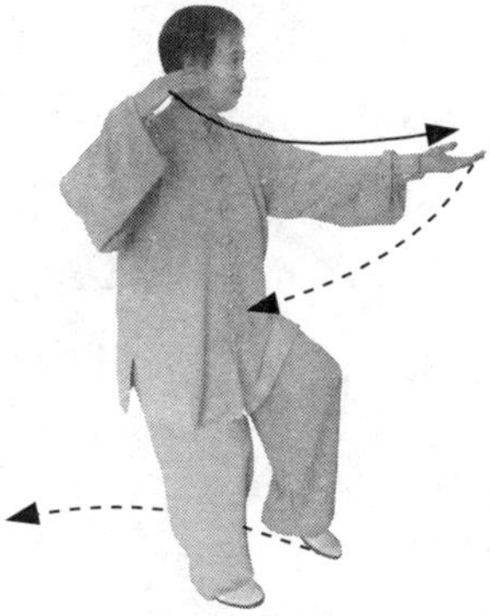

图 6–73

图 6–74

要领提示：退步时，左脚脚前掌轻轻着地（右腿为实，左腿为虚），随之重心后移、左脚踏实，右脚跟微外展，脚尖朝前，步型是右虚步（左腿为实,右腿为虚），两脚之间的横向距离约 10 厘米,忌两条腿在一条直线上或两条腿交叉拧成麻花步；推掌、撤手要与身微左转、左脚退步、后坐、调正前脚同时进行，推掌撤手应走弧线。右掌应从左掌上向前推出，掌心向前，高与肩平；左掌向下撤至左腰侧，掌心向上；到位时，右掌坐腕、展掌、舒指、沉肩垂肘、松腰沉胯，上体正直；眼看右掌。倒卷肱是顺步的虚步推掌，定式为一手前推，一手收至腰侧。

（5）左转，左手划弧侧后举。（图 6–75）

图 6–75

要领提示：左掌后划要与上体左转协调一致；随转体左手经左胯外侧向下、向左后方划弧平举，肘微屈，掌心斜向上，与前臂的夹角约 135°，忌两臂成一条直线；同时右臂外旋，掌心转向上；眼随体转看左掌。

（6）翻掌微右转。（图 6–76）

（7）屈左肘提右脚。（图 6–77）

图 6–76

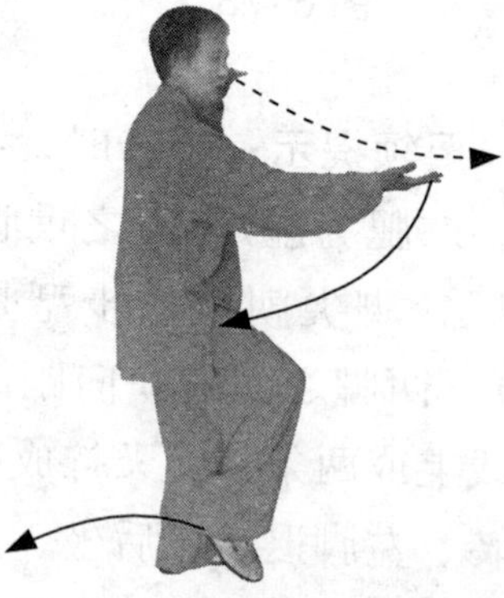

图 6–77

（8）退步前推掌。（图 6–78）

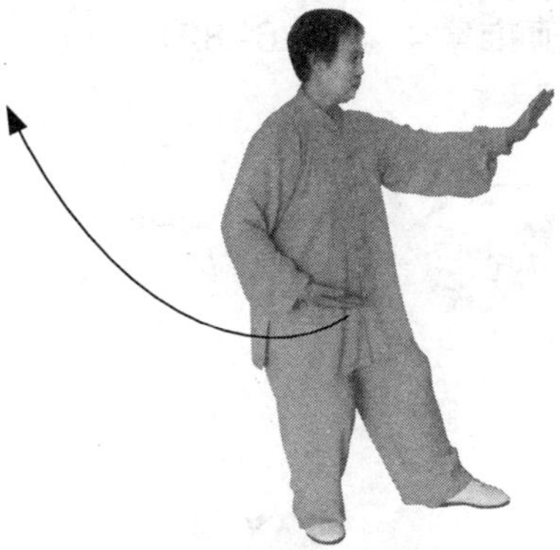

图 6–78

左倒卷肱的（6）～（8）动与右倒卷肱的（2）～（4）动的要领提示相同，唯动作左右方向相反。

（9）右转，右手划弧侧后举。（图 6–79）

图 6–79

（10）翻掌微左转。（图 6–80）

（11）屈右肘提左脚。（图 6–81）

（12）退步前推掌。（图 6–82）

图 6–80

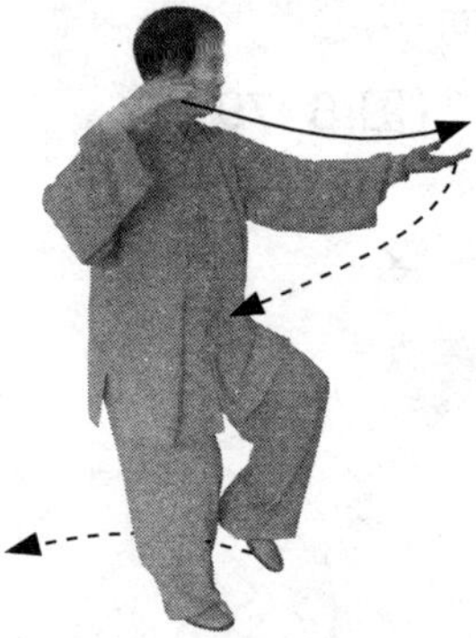

图 6–81

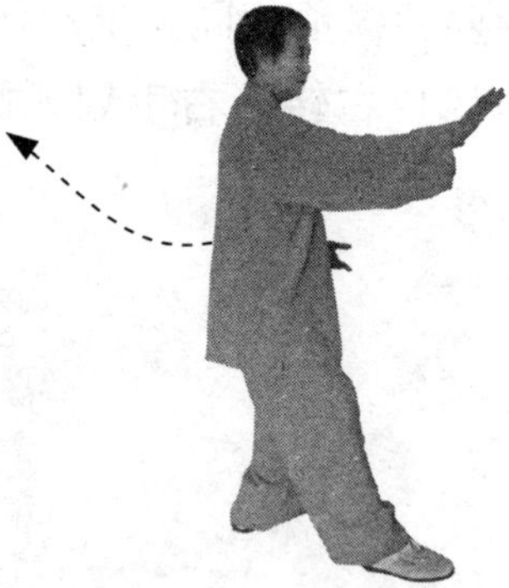

图 6–82

此势的（9）~（12）动与第一个右倒卷肱的（1）~（4）动的要领提示相同。

（13）左转，左手划弧侧后举。（图 6–83）

（14）翻掌微右转。（图 6–84）

（15）屈左肘提右脚。（图 6–85）

（16）退步前推掌。（图 6–86）

图 6–83

图 6–84

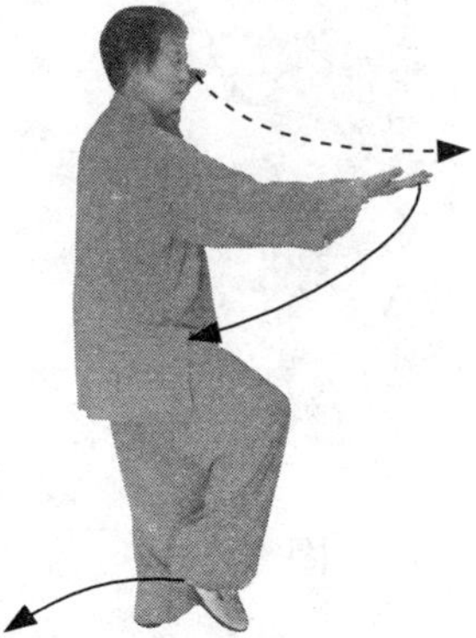

图 6–85

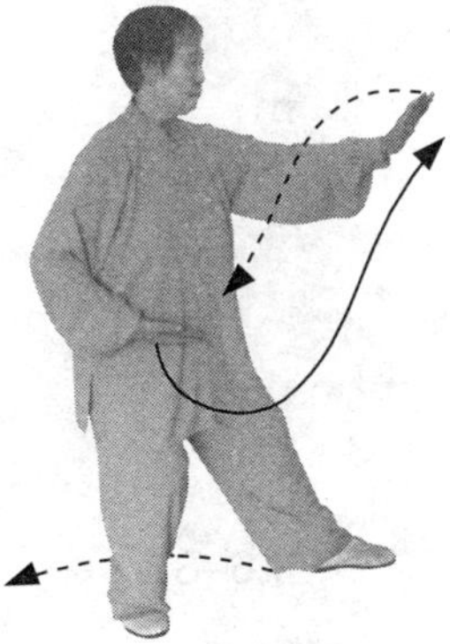

图 6–86

此势的（13）～（16）动与第一个右倒卷肱的（1）～（4）动的要领提示相同，唯动作左右方向相反。

11. 转身推掌（四）

（1）撤步划弧侧举掌。（图 6–87）

要领提示： 撤步与举掌上下要协调一致，右腿屈膝，左脚撤至右脚后，脚前掌着地；左脚撤步要轻灵，重心不得升高；两掌的运行路线是：左掌外旋划弧上举，再下划收至右胸前，掌心向下；右掌向右上方划弧，掌心斜向上，高与头平，右掌侧举时，臂微屈，肩要放松；眼看右掌。

（2）扣脚、碾脚、左转体。（图 6–88）

图 6–87

图 6–88

要领提示： 以左脚掌（碾左脚）、右脚跟为轴（右脚尖内扣）向左后方转体（重心仍在右腿），两掌随转体而动；眼看右掌。

(3) 左转出步、屈右肘。(图 6–89、图 6–89 附图)

图 6–89

图 6–89 附图

要领提示：右肘屈收、左掌下按要与上体微左转、左脚出步上下协调一致，上体保持正直，敛臀；左脚出步的方向是左前方；随出步右掌屈肘回收至右耳旁，掌心斜向前；左掌下按至体前，掌心向下；目视前方。

(4) 跟步搂推掌。(图 6–90)

图 6–90

要领提示：右掌前推，左掌搂按要与重心前移、右脚跟步、脚前掌点于左脚后成丁步协调一致，同时到位。随跟步右掌经耳侧前推，掌指向上，掌心向前，指尖与鼻平，坐腕、展掌、舒指、臂微屈；左掌经左膝前沉腕搂按至左胯旁，掌心向下，指尖向前，上体保持中正，注意松腰松胯、敛臀。步型是后丁步，两脚横竖间隔要保持约10厘米的距离，以便于扣脚转体；转体时，体重置于两脚间，转身后重心移向右腿，保证转动灵活。

（5）右转，扣脚、碾脚侧举掌。（图6–91）

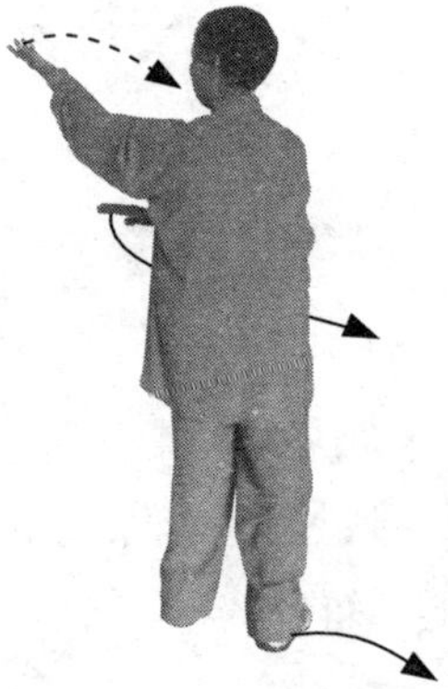

图6–91

要领提示：左掌侧举，右掌下按要与右后转体、扣左脚（以左脚跟为轴）、碾右脚（以右脚掌为轴）协调一致；左掌侧举时，臂微屈，肩要放松。两掌的运行路线是：左臂外旋，左掌向左、向上划弧上举，掌心向上，高与头平，右掌下落至左胸前，掌心向下；眼看左掌。

(6) 右转出步、屈左肘。(图 6–92)

(7) 跟步搂推掌。(图 6–93)

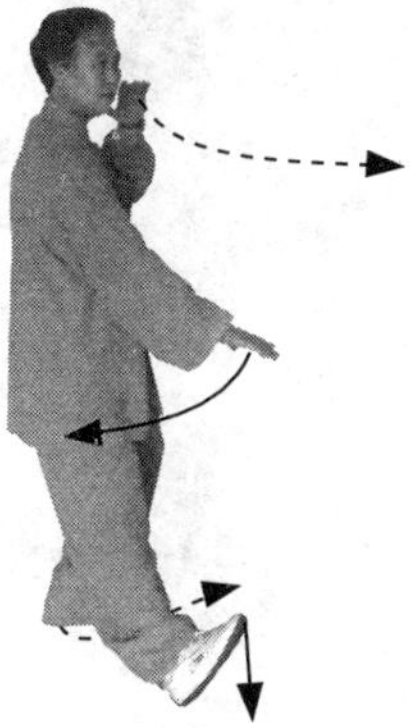

图 6–92

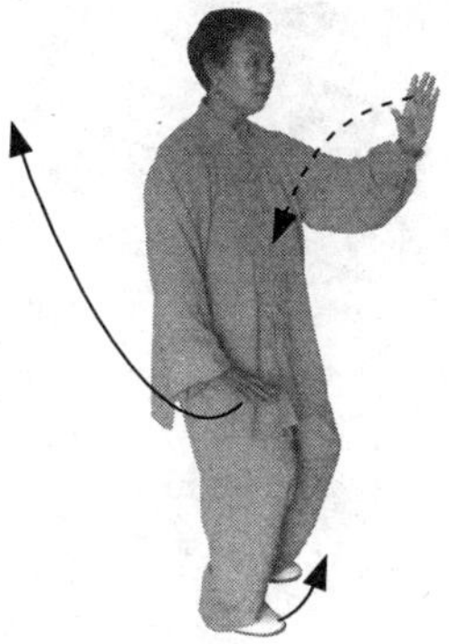

图 6–93

(6) ~ (7) 动与 (3) ~ (4) 动的要领提示相同，唯动作左右方向相反。

(8) 扣脚，碾脚侧举掌。(图 6–94)

图 6–94

（9）左转出步、屈右肘。（图 6–95）

（10）跟步搂推掌。（图 6–96）

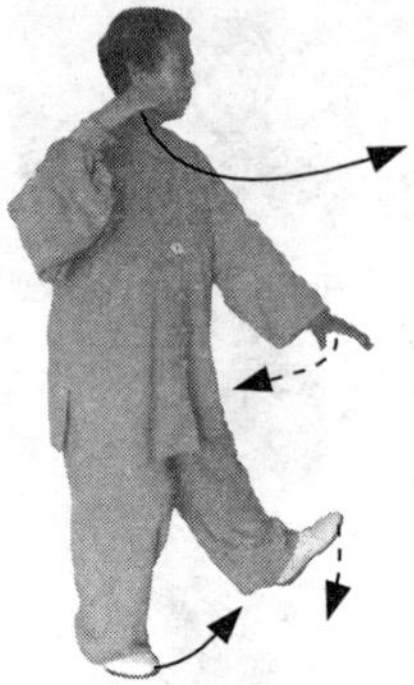

图 6–95

图 6–96

（8）～（10）动与（2）～（4）动的要领提示相同，唯动作左右方向相反。

（11）微右转，扣脚、碾脚、侧举掌。（图 6–97）

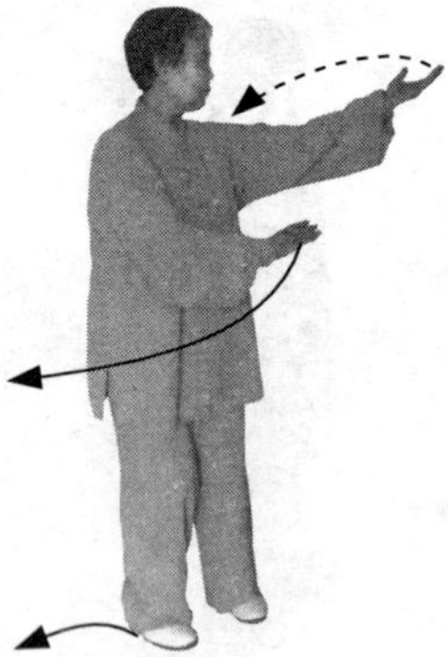

图 6–97

(12) 右转出步、屈左肘。(图 6–98)

(13) 跟步搂推掌。(图 6–99)

图 6–98

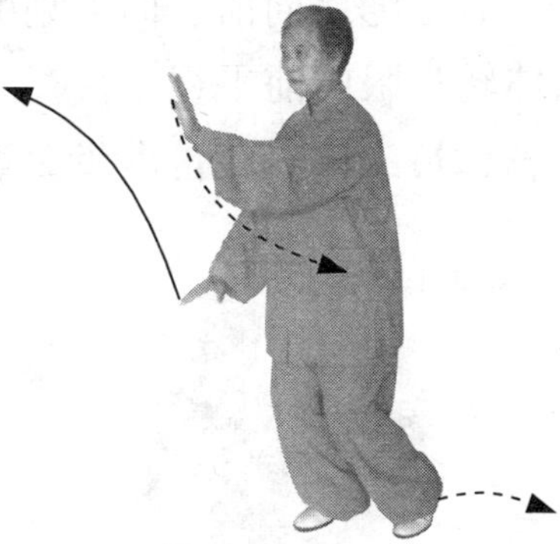

图 6–99

(11) ~ (13) 动与 (5) ~ (7) 动的要领提示相同，唯动作左右方向相反。

左右转身推掌各重复一次，此势是四个角的丁步推掌。每个推掌转换时，扣脚、碾脚与转体要协调配合。撤步与侧举掌、出步与屈肘、跟步与推掌都要以腰为轴，带动四肢动作，转动要灵活。整个动作要做得既轻灵又沉稳，上下要协调配合，立身中正，松腰沉胯、敛臀。

12. 右琵琶势

(1) 撤步后坐，左转，摆臂回带。(图 6–100)

要领提示：右手前摆上挑，左臂回带要与上体左转、左脚后撤半步、重心后移后坐同时进行、同时到位。两掌的运行路线是：随左转体、左脚撤半步，重心后移至左腿，左臂屈收，左掌带至左胸前，掌心斜向下，右掌随之向前、向上划弧至体前，掌心斜向左，头随体转；眼向前平视。

（2）**上体右转，虚步合掌。**（图 6–101）

图 6–100

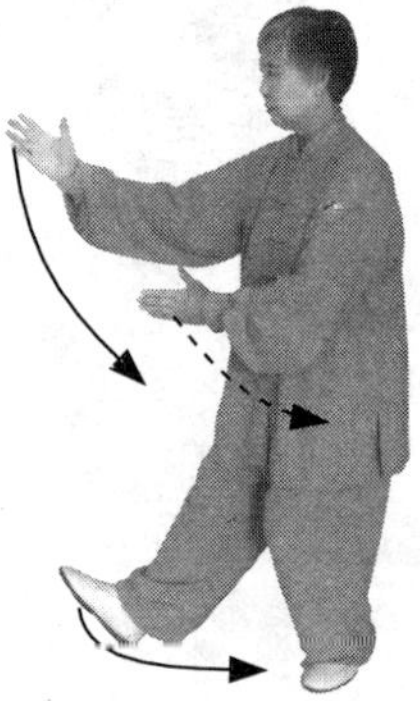

图 6–101

要领提示：虚步合掌时，以腰带臂，两臂要轻轻沉合，右掌微下沉，前臂微外旋，掌心向左成侧立掌，指尖与眉心相对；左掌向前合于右臂内侧，掌心向右，与右肘相对；松肩垂肘，松腰松胯，上体要保持中正安舒，不要挺胸与凸臀，忌两肘相夹或剁臂。

两臂、两掌相合要与上体右转、右脚稍前移，脚跟着地协调一致，同时到位，步型是右虚步；注意头正、竖颈、松腰、沉肩；眼看右掌。

13. 搂膝栽捶

（1）左转，收脚，回捋。（图 6–102）

要领提示：上体左转，以腰带动两臂，两掌回捋至腹前，掌心斜相对；同时右脚收于左脚前，脚尖点地，手与脚上下要协调配合，上体保持中正，收腹敛臀；头随体转，眼看右手。

（2）出步搭手掤。（图 6–103）

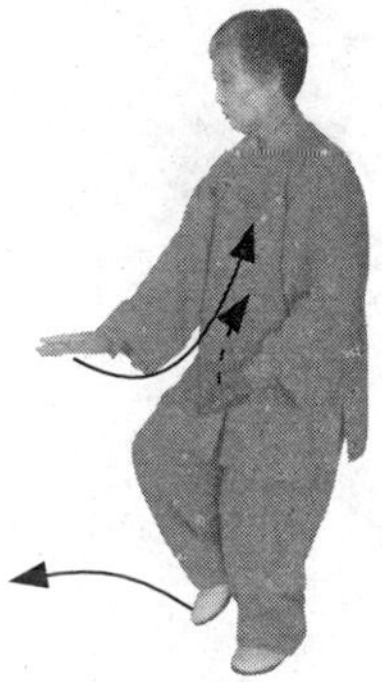

图 6–102

图 6–103

要领提示：两掌搭手掤要与右脚前进半步同时进行，两臂要掤圆，两肩要松沉，两肘微下垂；左掌搭于右腕内侧时，两掌要同时翻转，提掤于胸前；目视两手前方。

（3）重心前移，跟步划平圆。（图 6–104）

要领提示：两掌划平圆要与上体右转、重心前移、左脚跟步（右脚后面）、脚前掌着地协调一致；随跟步两掌向前、向右划平弧，右掌心向上，高与肩平；左掌心向下附于右腕内侧；到位时松腰落胯，上体不要前倾；眼看右掌。

（4）后坐、左转、提脚跟侧举掌。（图 6–105）

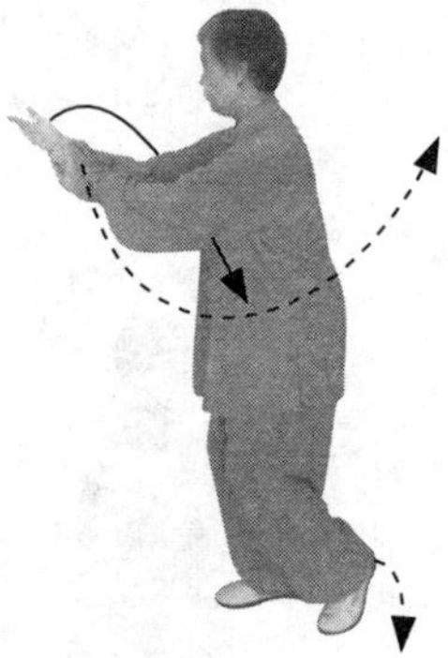

图 6–104

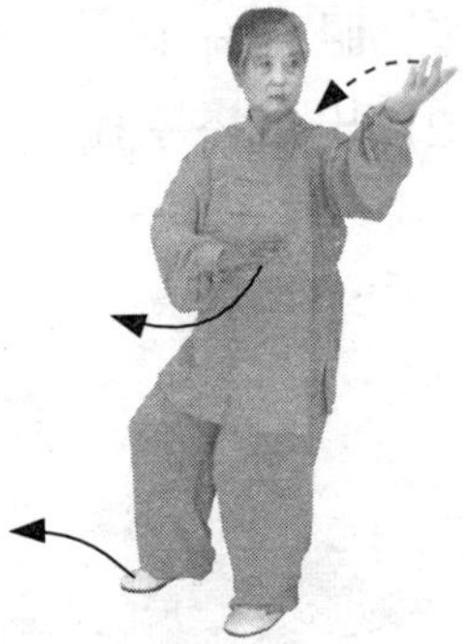

图 6–105

要领提示：两掌划弧，左掌侧举要与上体左转、重心后移、右脚跟微提协调一致。两掌的运行路线是：左前臂外旋，左掌向下、向后划弧上举，掌心斜向上，高与头平；右掌经面前向左划弧按于左胸前，掌心向下；眼看左掌。

总之，跟步划平圆、两掌划立圆、左掌侧举都要以腰来带动，不要有断续处，衔接力求圆活。

（5）上体右转，出步握拳。（图 6–106）

要领提示：左掌变拳，右掌下按要与上体右转、右脚向前迈出、脚跟着地协调一致，上体保持中正，敛臀；左掌变拳后收至耳侧，拳心斜向下；右掌下按至体前，掌心向下；目视前下方。

（6）弓步搂栽捶。（图 6–107）

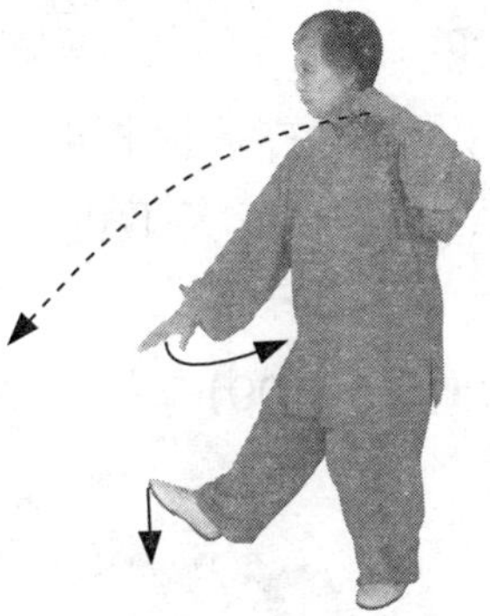

图 6–106

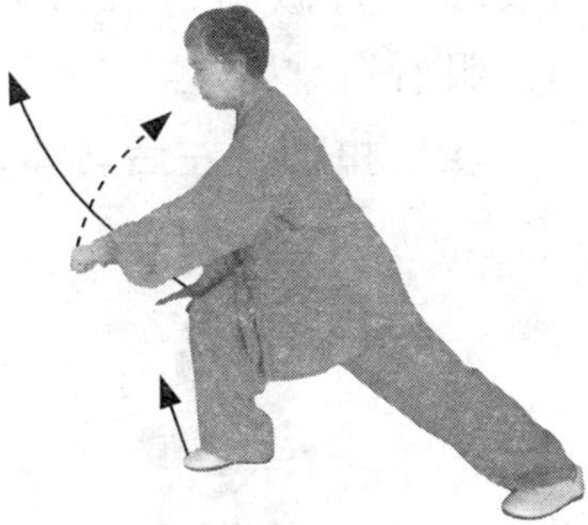

图 6–107

要领提示：栽捶时要走弧线，不要直往下栽，力点在拳面，拳眼向右，拳面斜向前下，高与腹平，拳背与左前臂成一条直线，左臂直中有屈，右掌经右膝前搂过，按于右胯旁。

弓步、右手搂按与栽捶同步，同时到位。身体不要过于前倾，要敛臀。弓步时，右脚踏平，重心前移至右腿，左腿自然蹬直。步型为拗弓步，注意两脚间距要保持较大跨度，做到重心稳定，上体自然。

第三段（14～19式）

14. 白蛇吐信（二）

（1）后坐翘脚，提托掌。（图6–108）

要领提示：左拳上提，右掌上托（掌心向上）要与重心后移、右脚尖翘起同时进行；左拳、右掌提托时，肩要松、臂微屈，松腰坐胯，上体保持中正，不可歪斜；眼看右掌。

（2）扣脚，左后转体，摆臂。（图6–109）

图6–108

图6–109

要领提示：右脚尖内扣，身向左后转体；左拳左臂左摆（拳心向下）要以腰带动，并与重心左移协调一致；右脚尖内扣要充分，左胯里缩，上体保持正直。

（3）摆脚、屈肘、拳变掌。（图 6–110）

要领提示：上体微左转，左脚活步外摆（应原地提起），然后横落于体前，转身和摆步要保持上体正直，忌身体歪扭；同时右掌屈肘收至耳侧，掌心斜向前；左拳变掌，翻掌心向上；目视左掌前方。

（4）歇步前推掌。（图 6–111）

图 6–110

图 6–111

要领提示：推掌时，右脚跟随转体离地扭转，两腿半蹲，右膝接近左腿腘窝处，重心略偏于左腿，两腿交叉相叠成歇步。两掌的运行路线是：右掌经耳侧向前推出，高与胸平，掌心向前；左掌经体前下落收至腰间，掌心向上；目视右掌前方。

（5）起身，侧举掌。（图 6–112）

要领提示：左掌划弧上举要与起身成高歇步协调一致，上体要中正；左掌应向后、向上划弧上举，掌心向上；右掌随起身而动置于体前；眼看左掌。

（6）上步摆脚、屈左肘。（图 6–113）

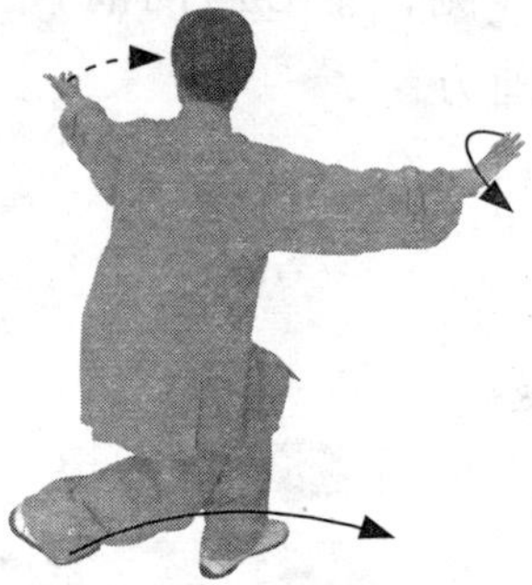

图 6–112

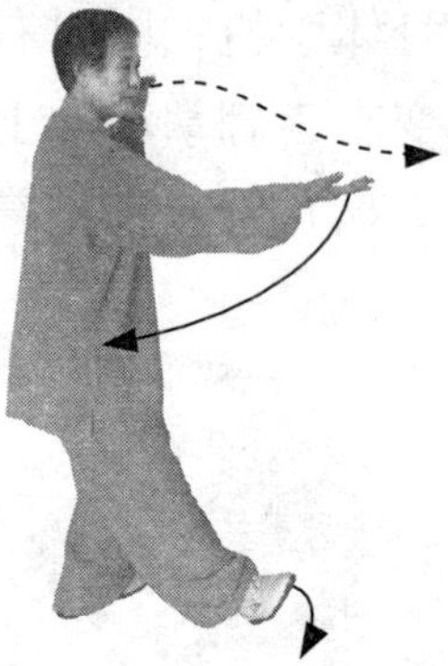

图 6–113

要领提示：左肘屈收要与上体右转、右脚前上外摆协调一致；左掌屈肘收至耳侧，掌心斜向前；右掌翻掌心向上；目视前方。

（7）歇步前推掌。（图 6–114）

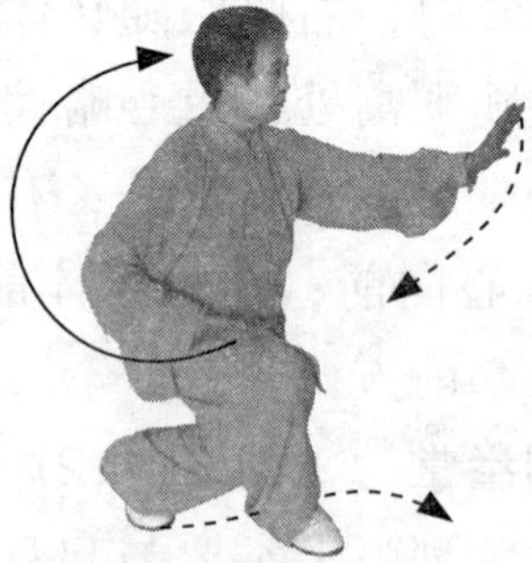

图 6–114

(7) 动与本式 (4) 动的要领提示相同，唯动作左右相反。

总之，左脚向外搬转时，应原地提起，然后横落于体前。转身和上步要保持上体正直，不要歪扭。歇步时，两腿半蹲，后膝接近前膝腘窝处，重心略偏于前腿。

15. 拍脚伏虎（二）

（1）上左步，两掌划弧。（图 6–115）

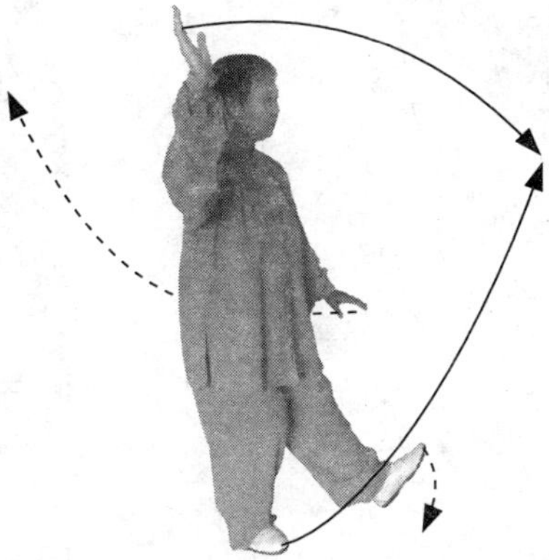

图 6–115

要领提示： 两掌划弧（右掌向后、向上划弧停于头右侧，左掌向左下方划弧）要与立身、重心移于右腿、左脚上步、脚跟着地协调配合，上下不可脱节，臂微屈，重心在右腿，敛臀，忌挺胸；眼向前平视。

（2）右手拍脚侧举。（图 6–116）

要领提示： 右手拍脚时，左脚落平，左腿微屈站稳，右脚向前、向上踢出，脚面绷平，右掌向前拍击右脚面；左掌向后、向上划弧平举于身体左后方，掌心向外，高与肩平。拍脚时左脚跟不可拔起，高度因人而异，不要因强求高度而造成弯腰憋气，拍脚后，折收小腿，身体不要左右摇晃，保持重心稳定；眼看右掌。

（3）盖步，两手平摆。（图 6–117）

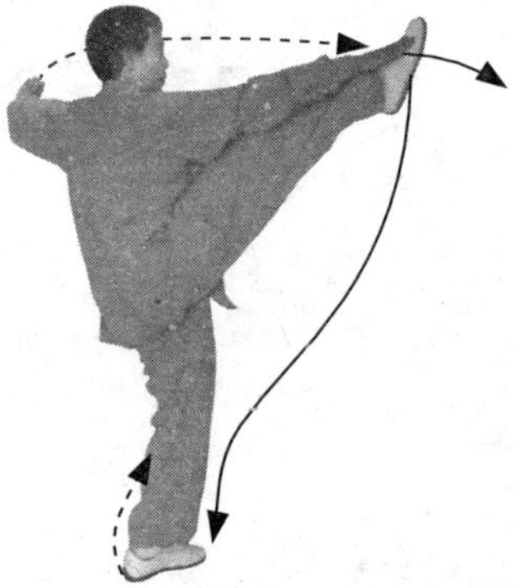

图 6–116

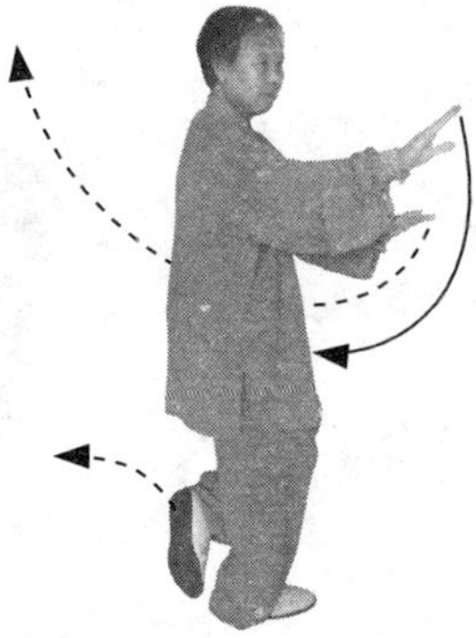

图 6–117

要领提示： 两掌右摆（掌心均向下）要与盖步、左脚提起协调一致；右脚盖步落地，落步要轻缓，移动要平稳，不可刻意腾空纵跳，落点太远，右脚落地应偏于左侧前方，也可以向身后插步落地。注意：左脚是在右脚落地之际随即提起的；同时两掌一起向右平摆；眼随手动，看右掌。

(4) 出步划弧两握拳。(图 6-118、图 6-118 附图)

图 6-118

图 6-118 附图

要领提示： 两掌握拳要与上体左转、左脚向左侧落步、蹬右脚成左弓步协调一致；握拳时，以腰带臂，两掌随转体出步经腹前向下、向左边划弧边握拳；眼看左拳。

(5) 弓步右转、双贯拳。(图 6-119、图 6-119 附图)

图 6-119

图 6-119 附图

要领提示：双贯拳是弓步贯打，随转腰两臂、两拳要合住劲，左拳向右屈肘平贯，停于左额前，拳心斜向外；右拳向左平贯，停于左肋前，拳心向下；定势时，松肩、松腰、松胯，上体保持中正，忌耸肩；眼看右前方。

（6）后坐、翘脚、拳变掌。（图 6–120）

要领提示：两拳变掌要与重心后移（后坐）、左脚尖上翘协调一致，上体要中正，敛臀。

（7）扣脚右转、穿右掌。（图 6–121）

图 6–120

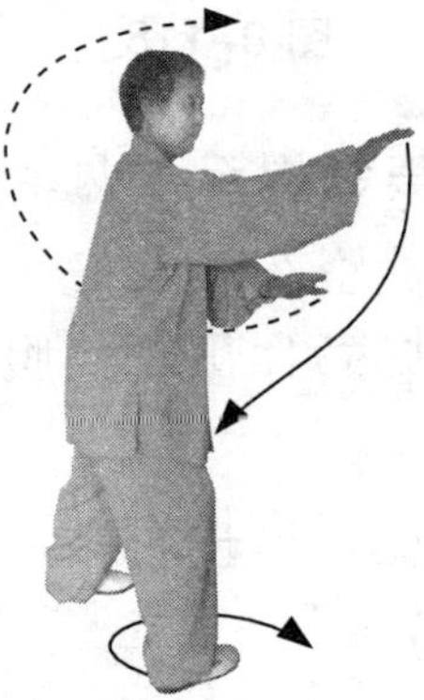

图 6–121

要领提示：右掌前穿要与上体微右转、扣左脚协调配合。两掌的运行路线是：右掌从左前臂上方穿出，掌心斜向下；左掌收于胸前，掌心斜向上；眼平视前方。

（8）重心左移，上步划立圆。（图 6–122）

要领提示：两掌划弧要与左脚落实、重心左移、右脚前上脚跟着地协调一致；以腰为轴带动两臂两掌各划

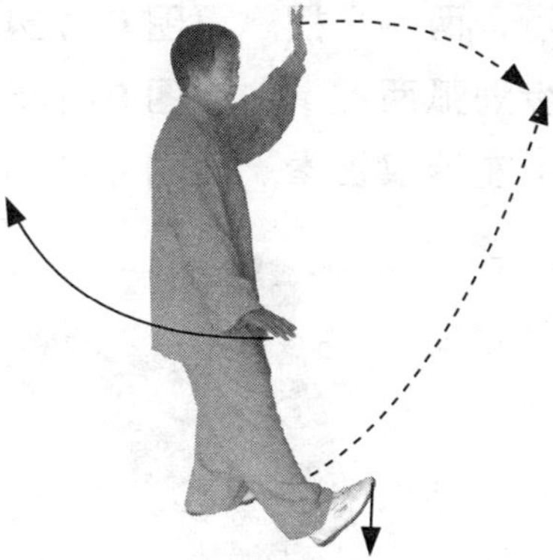

图 6-122

半个立圆，即左掌向下、向后、向上划至头左侧，掌心向前；右掌向前、向下划至右胯旁，掌心向下。右脚的行走路线是：右脚提起经左脚内侧向前垫步，重心在左腿；眼向前平视。

（9）左手拍脚侧举。（图 6-123）

图 6-123

（10）盖步，两手平摆。（图 6–124）

（11）出步划弧两握拳。（图 6–125）

（12）弓步左转双贯拳。（图 6–126）

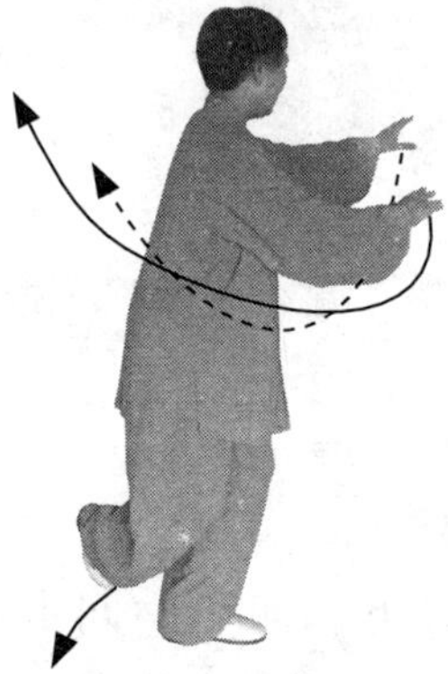

图 6–124

图 6–125

图 6–126

（9）~（12）动与（2）~（5）动的要领提示相同，唯动作左右方向相反。

16. 左撇身捶

（1）后坐翘脚，拳变掌。（图 6–127）

要领提示：两拳变掌（掌心均向下）要与后坐、翘右脚同时进行，收胯、敛臀。

（2）左转、扣脚、穿左掌。（图 6–128）

图 6–127

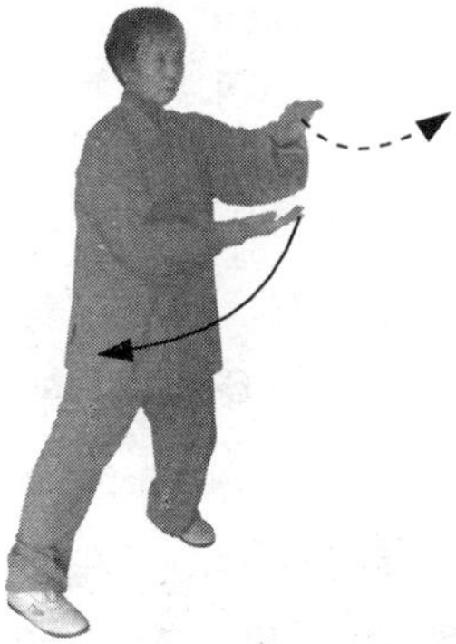

图 6–128

要领提示：左掌前穿（从右前臂上向前穿出，掌心斜向下，右掌心斜向上）要与上体左转、扣右脚协调配合，上下协调一致；眼向前看。

（3）重心右移，两手划弧。（图 6–129）

要领提示：两掌划弧要与右脚踏实、重心右移协调一致，右胯里缩，上体保持中正。两手划弧时，以腰为轴，带动两臂两掌各划半个立圆。两掌的运行路线是：左掌微向上、向前划弧，掌心向下停在体前；右掌向下、向后划弧收至右胯前，掌心向上；眼看左掌。

（4）收脚，左手握拳合手。（图 6–130）

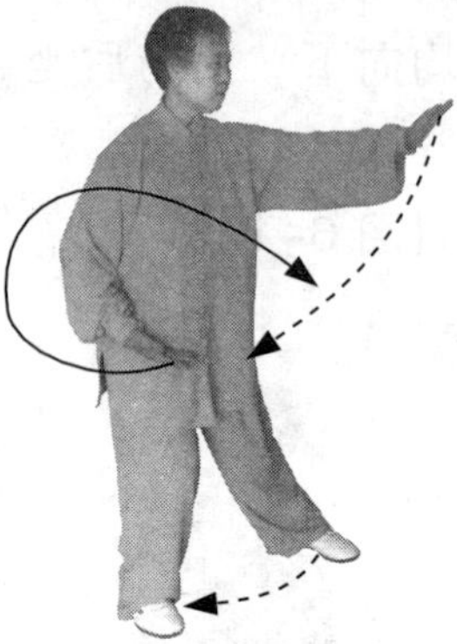

图 6–129

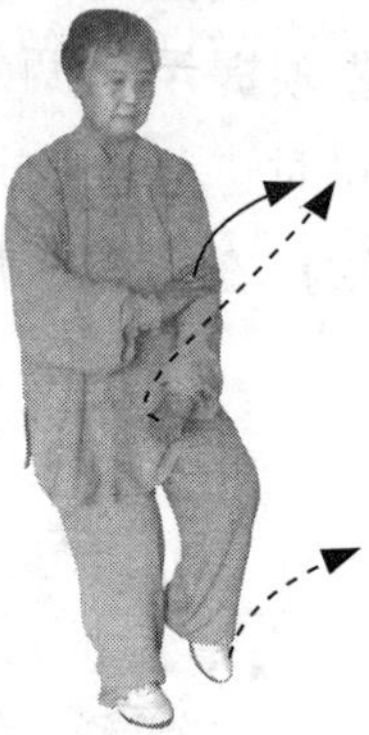

图 6–130

要领提示：左手握拳、右手前合要与上体微右转、收左脚协调一致。随转体左脚收至右脚内侧；左掌下落边收边握拳收至小腹前，拳心斜向内，拳眼向右；右掌向后、向上再向体前划弧，翻掌向下附于左前臂内侧，松肩屈臂，既不抬肘，亦不夹肘，腋下含空；重心在右腿；眼随手动。

（5）左转，出步举拳。（图 6–131）

要领提示：左拳提举要与上体微左转、左脚上步、脚跟着地协调一致；举拳时不要耸肩、缩脖、抬肘。左拳提举于面前，拳心向外；右掌附于左腕部，掌心向外；左脚迈出的方向是左前方，脚跟着地，重心仍在右腿。

(6) 左弓步撇打。(图 6–132)

图 6–131

图 6–132

要领提示：左拳撇打要与上体左转、重心前移成左弓步协调一致，随弓步以腰带臂，旋臂左拳由面前向前撇打，拳心斜向上，高与头平，力点在拳背，拳要放平，不要卷腕，左臂要直中有屈；右掌仍附于左前臂内侧；到位时，沉肩、松腰松胯，上体中正；弓步的方向是正前偏左；眼看左拳前方。

整个动作要以腰为轴，带动四肢运动，上下相随，一气呵成，做到周身协调完整。

17. 穿拳下势

(1) 后坐翘脚，拳变掌。(图 6–133)

要领提示：左拳变掌（掌心向上）要与后坐、左脚尖上翘协调一致。

（2）左转，撇脚划弧。（图 6–134）

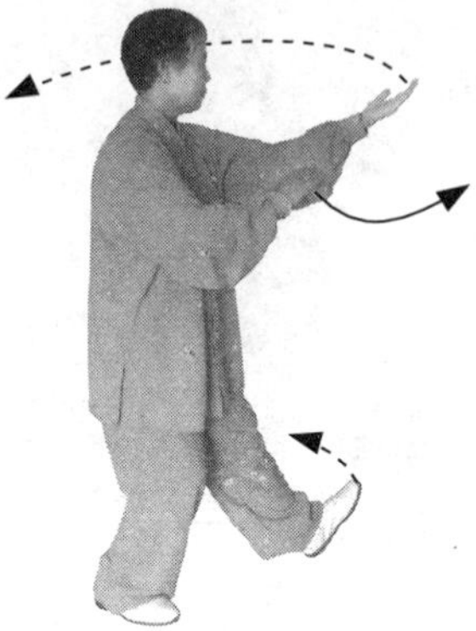

图 6–133

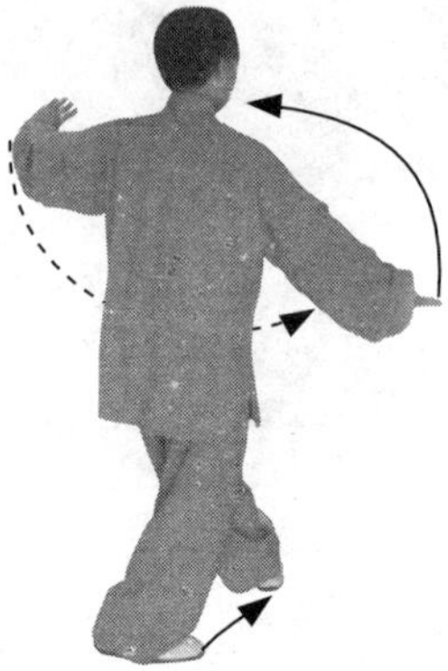

图 6–134

要领提示：两掌划弧要与上体左转、左脚尖外撇协调配合，左脚尖外撇不宜过大，上体保持中正。随转体左掌向上、向左划弧；右掌向下、向右划弧，两掌心皆向下；眼看左掌。

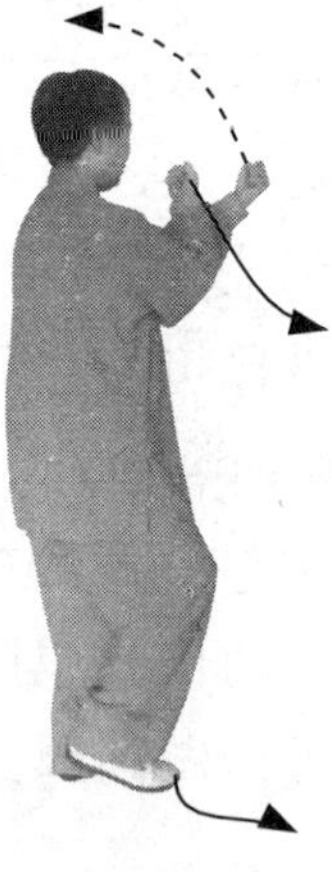

图 6–135

（3）重心前移，收脚握拳。（图 6–135）

要领提示：两拳要在两掌继续划立圆的过程中逐渐形成，两掌握拳要与重心前移左腿、收右脚（脚尖点于左脚内侧）协调一致；两拳的位置是：左拳拳心向内收于胸前，右拳拳心向内合于面前，两臂交叉，左拳在外；眼向前看。

（4）左拳上穿，伸右腿。（图 6–136）

要领提示：左拳上穿（从右前臂外侧上穿），右臂掩肘下落，左腿半蹲，右脚向右侧伸出，上下要同步。

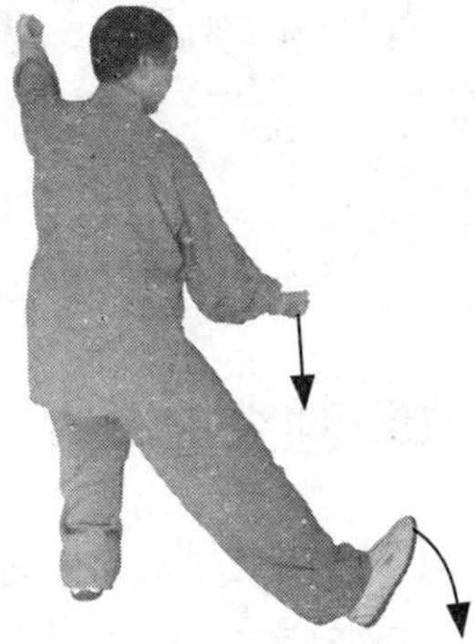

图 6–136

（5）屈蹲成仆步。（图 6–137）

要领提示：左腿全蹲，右腿伸直仆出，两脚要全脚踏实，脚跟不可掀起，右脚尖与左脚跟在一条直线上；右拳下落至腹前，上体要中正，不可猫腰撅臀。

（6）上体右转，穿右拳。（图 6–138）

图 6–137

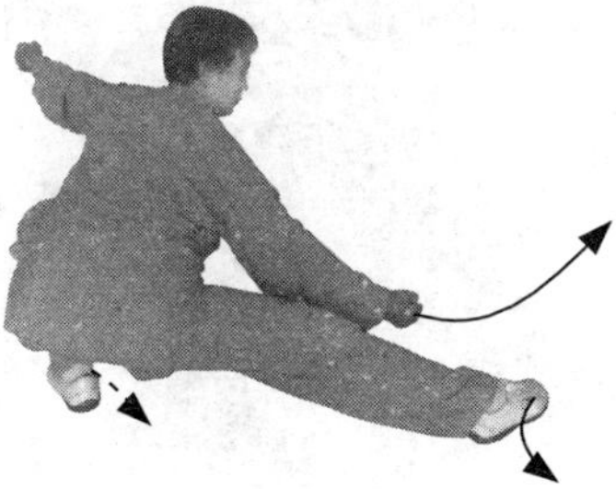

图 6–138

要领提示：仆步穿拳要与上体右转协调一致；右拳经腹前沿右腿内侧向右前方穿出；左拳向左后上方伸展，置于左侧后方，两拳眼均向上。注意两臂微屈，不要伸得过直；定势时，左膝与左脚尖同一方向，左脚跟与右脚尖在一条直线上，忌凸臀、塌腰、上体前俯；眼看右拳。

18. 独立撑掌（二）

（1）撇右脚、扣左脚、弓步上挑拳。（图 6–139）

要领提示：右拳上挑要与右脚尖外撇、左脚尖内扣、重心前移成右弓步同时进行，同时到位；随弓步右拳略向上挑；左拳稍向下落，两拳眼仍向上，右臂与右腿上下相对；目视前方。

（2）松拳，提膝独立穿撑按。（图 6–140）

图 6–139

图 6–140

要领提示：左掌上撑，右掌下按要与右腿独立、提左膝协调一致；右拳变掌微内旋；左拳变掌下落经腰间向前、向上穿出，掌心向内，同时，要配合腰部的微微向右旋转；眼看左掌。独立步时，右腿微屈，膝部不要僵挺，右脚扎实，站立要稳，左腿屈膝提至体前，脚面展平（脚尖自然下垂）；撑掌时，腰部微微向左旋转，上体保持正直，头向上顶，肩要松沉，臂要撑圆，全身放松，不要僵直，忌耸肩、扬肘。两掌的运行路线是：两拳变掌后，左掌从右前臂内侧上穿并翻掌撑于头前上方，指尖向右，掌心斜向上；右掌按于右胯前，指尖向左；目视前方。

（3）落脚落手微右转。（图 6–141）

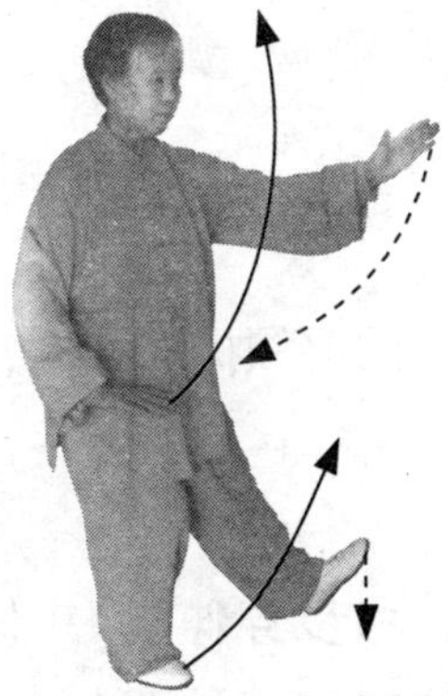

图 6–141

要领提示：左掌前落（掌心斜向下）要与腰微右转、右腿屈膝、左腿前落、脚跟着地协调一致，上体要中正，重心在右腿；右掌的位置在右胯旁，掌心向下，指尖向前。

（4）重心前移，提膝独立穿撑按。（图 6–142、图 6–142 附图）

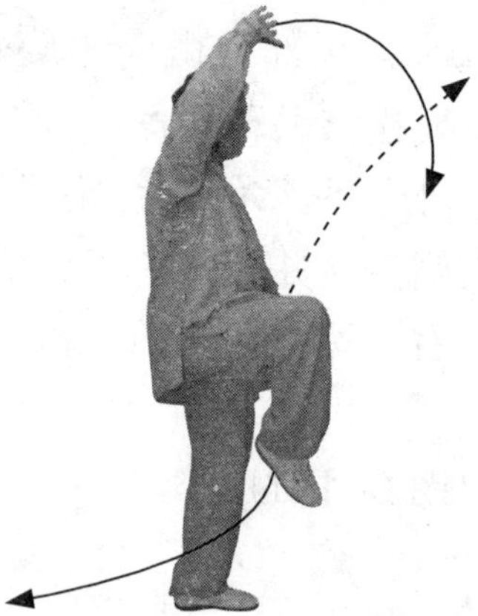

图 6–142

图 6–142 附图

⑷ 动与 ⑵ 动的要领提示相同，唯动作左右相反。

19. 右单鞭

（1）右脚后撤，弓步穿伸掌。（图 6–143）

要领提示：左掌向前穿伸要与左腿屈膝、右脚后撤成左弓步协调一致，同时到位。撤步时，右脚掌轻轻着地，然后全脚踏实，左胯松沉，上体保持中正。两掌的运行路线是：右前臂外旋，右掌向前、向下落至体前，掌心向上，左掌从右前臂上方向上、向前穿出，掌心向下，两掌心斜相对，穿掌前伸要走弧形；眼看左掌。

(2) 后坐、回捋。(图 6-144)

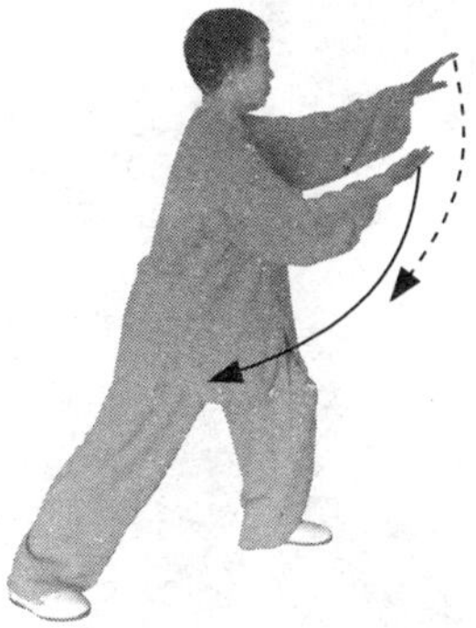

图 6-143

图 6-144

要领提示：两掌回捋（捋至腹前）要与上体右转、重心后移、后坐协调一致，两掌心斜相对，右胯里缩、敛臀、重心在右腿，上体保持中正；头随体转；眼看两掌。

(3) 微左转，搭手掤。(图 6-145)

要领提示：两掌搭腕前掤要与身微左转协调配合；两掌同时翻转上举与胸平，两臂掤圆，左掌心向内，右掌掌指附于左腕内侧，掌心向前，重心仍在右腿；眼看左掌。

(4) 左转，弓步划半圆。(图 6-146)

要领提示：左掌划平圆（右掌随之划圆）要与上体左转、重心前移成左弓步协调一致，同时到位；随转体弓步左掌自右向前划平圆，左臂微屈，肘微垂，掌心斜向上，高与肩平；上体保持中正，不可前探；眼随左掌动。

图 6–145

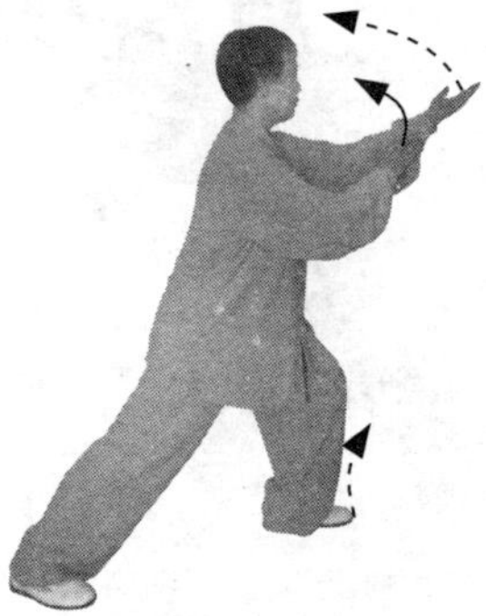

图 6–146

（5）后坐、翘脚，向后划平圆。（图 6–147）

要领提示： 左掌后划（掌心向上）要与上体左转、重心后移（后坐）、左脚尖翘起协调一致；到位时，松腰坐胯、敛臀、上体中正；眼看左掌。

后坐回捋、搭手掤、弓步划半圆、后坐翘脚向后划平圆都要以腰的旋转来带动，动作要连贯，一气呵成。

图 6–147

（6）扣脚，转体旋臂。（图 6–148）

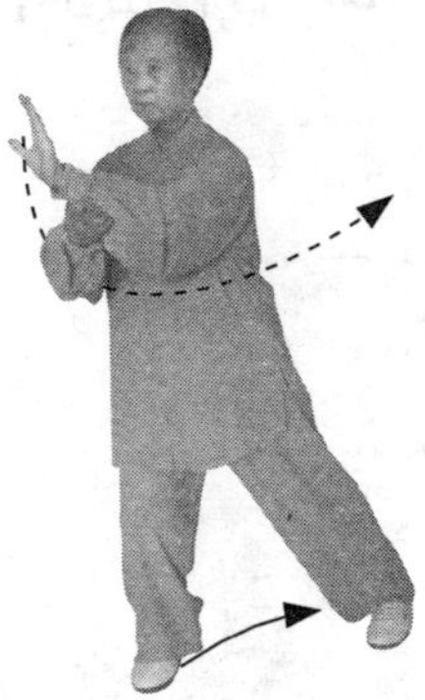

图 6–148

要领提示：左掌前按是在腰的带动下进行的，并与上体右转、左脚尖内扣协调一致；左掌前按时，左掌应平旋屈肘内收，经左肩外侧向斜前按出，掌心斜向前；右掌外旋，掌心向上仍附于左腕处；眼看左掌。到位时，松腰、坐胯、敛臀，上体中正，忌右胯上顶、凸臀或上体后仰。

（7）重心左移，收右脚斜按掌。（图 6–149）

图 6–149

要领提示：左掌斜按（掌心斜向前）要与重心左移、右脚收至左脚内侧协调一致，右掌附于左前臂内侧，掌心向内；重心向左平移时，左腿屈膝，重心不得升高；定势时，松腰、松胯、敛臀，立身中正；眼看左掌。

（8）左手变勾。（图 6–150）

要领提示：左腕微上提，五指捏拢，变成勾手；视线不变。

(9) 右转出步，右手平捋。(图 6-151)

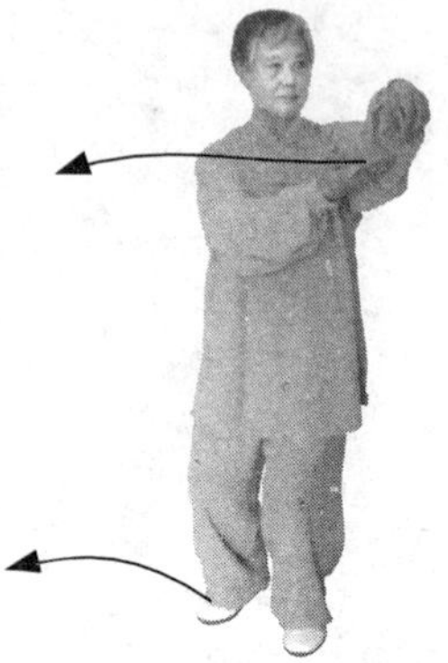

图 6-150

图 6-151

要领提示：右掌平捋要与身体微右转、右脚出步协调一致；随转体出步右掌经体前外划，弧形向右平捋，掌心斜向内，注意收胯、敛臀。右脚前迈的方向是右前方；眼随右手动。

(10) 弓步前推掌。(图 6-152)

图 6-152

要领提示：弓步与推掌要与上体右转协调配合，同时完成；右掌随转体弓步慢慢翻掌并向前推出，掌指向上，掌心向前，指高与鼻平，推掌要走弧形，边翻转边推；到位时，肩要松沉，塌腕舒指，向下沉劲，右肘与右膝上下相对，臂微屈，肘微垂，松腰松胯，上体保持中正，同时蹬左脚成45°；眼看右掌。

第四段（20～28式）

20. 右云手（三）

（1）后坐、扣脚、左转、右手划弧。（图6–153）

要领提示：右掌划弧（向下、向左划立圆至左腹前，掌心向内）要与上体左转、重心左移，右脚尖内扣同步；眼看左勾手。

（2）左勾变掌，右转腰云手。（图6–154）

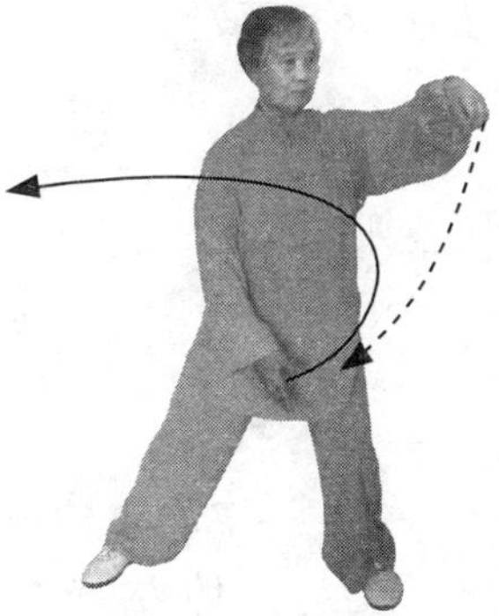

图6–153

图6–154

要领提示：两掌划立圆（右云）要与上体右转、重心右移同步；右掌经面前向右继续划立圆，掌心向内；左勾手变掌，向下经腹前向右划立圆至腹前，掌心向下，重心平移至右腿；视线随右掌动。

（3）并步翻掌。（图 6–155）

要领提示：两掌翻转要与上体右转、收左脚上下协调一致；随转体右掌继续向右划至身体右侧，前臂内旋，掌心翻转向外；左掌微上划，掌心向上；步型是小开立步，脚尖向前，两脚之间的距离为 10~20 厘米；眼看右掌。

（4）左转腰云手。（图 6–156）

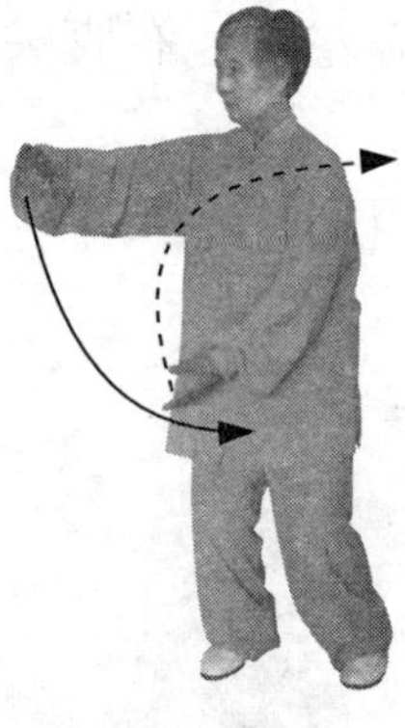

图 6–155

图 6–156

要领提示：两掌划立圆（左云）要与上体左转、重心左移同时进行，同时到位；随转体左掌经面前向左、右掌向下经腹前向左，同时划立圆，左掌划至身体左侧，掌心向内；右掌掌心向下；眼看左掌。

（5）横开步翻掌。（图 6–157）

要领提示：两掌翻转（左掌心向外，右掌心向上）要与上体左转、右脚横开一步协调一致，脚尖仍向前。随转体左掌继续向左划至身体左侧，前臂内旋，掌心翻转向外；右掌微上划，掌心向上；眼看左掌。

（6）右转腰云手。（图 6–158）

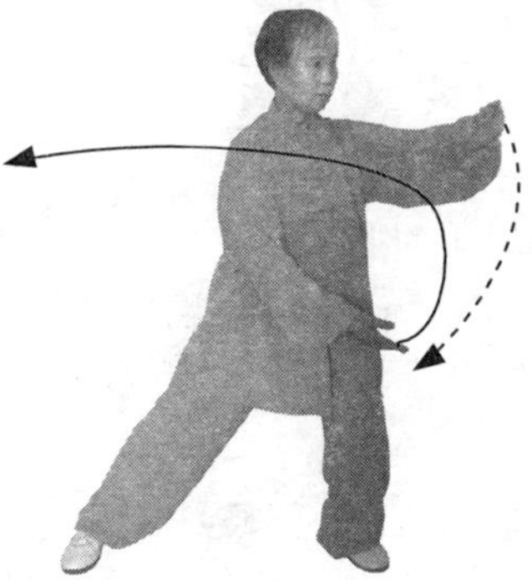

图 6–157

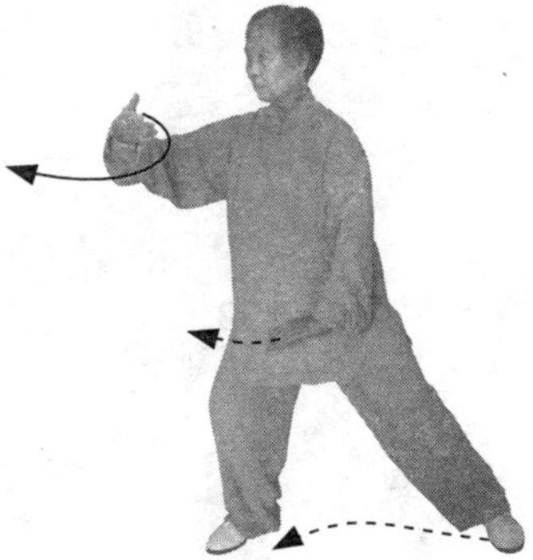

图 6–158

要领提示：两掌划立圆（右云）要与上体右转、重心右移同步。两掌的运行路线是：右掌经面前向右、左掌向下经腹前向右，同时划立圆，左掌心向下，右掌心向内；重心平移至右腿；眼随右手动。

（7）并步翻掌。（图 6–159）

（8）左转腰云手。（图 6–160）

（9）横开步翻掌。（图 6–161）

（10）右转腰云手。（图 6–162）

（11）并步翻掌。（图 6–163）

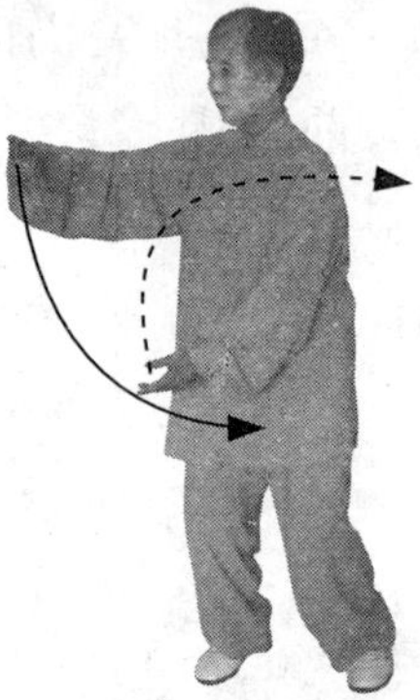

图 6–159

图 6–160

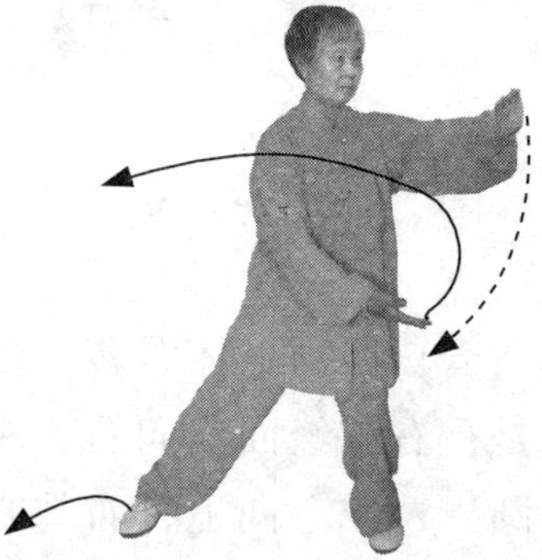

图 6–161

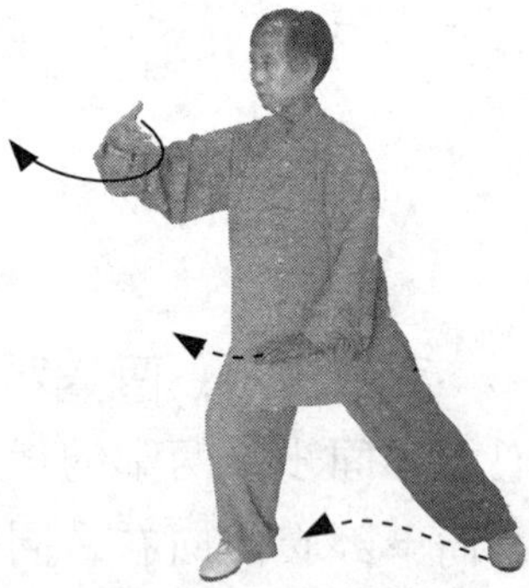

图 6–162

（7）~（10）动与（3）~（6）动的要领提示相同。

（11）动与（3）动的要领提示相同。

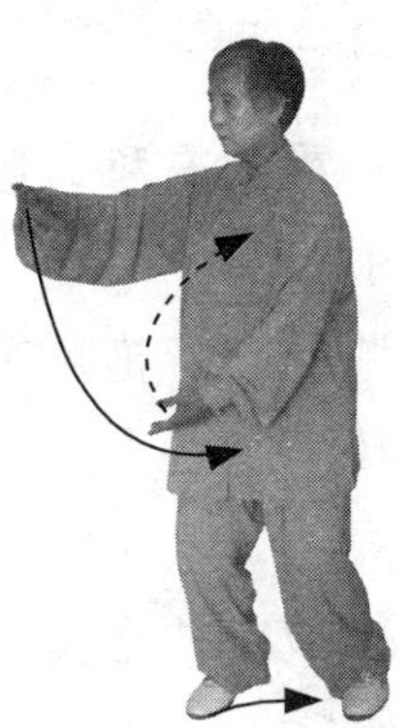

图 6–163

要领提示：整个云手动作要以腰为轴，用腰的转动带动两臂、两手在体前左右划立圆，上边的手高不过眉，下面的手低不过裆。眼随手动，不可机械地抡手不转腰。

重心的移动、转腰和手的运转三者要同一方向，同时到位，做到不夹臂、不扬肘。忌腰与手异向，造成身体歪扭不协调。

并步时，步型是小开步，两脚尖均向前。两脚之间的距离为 10~20 厘米，忌八字脚。开步与并步时，两脚要做到轻起轻落，点起点落，步法要轻盈。

左右云手过程中要有一个马步过渡。两脚的虚实要分明，两臂的旋转和脚步的移动要轻柔渐进，上下相随，不可忽快忽慢，忽高忽低。应保持速度均匀，动作平稳、连贯，重心左右平移，上体要保持正直。手、眼、步与腰的转动要配合协调，做到神形兼备。此势应反复练习。

21. 右左分鬃

(1) 重心左移，收右脚抱球。(图 6–164)

要领提示：两掌抱球要与上体左转、重心左移、收右脚协调配合。抱球前，两掌继续左云至体前时，两掌同时翻转，掌心上下相对成抱球状。同时左腿屈膝，右脚轻轻提起，松腰松胯，敛臀；眼看左掌。

(2) 微右转出步，斜抱球。(图 6–165)

图 6–164

图 6–165

要领提示：斜抱球要与上体微右转、右脚向前迈步(偏右)、脚跟着地协调一致，斜抱球时，两臂要微微内合；眼看左掌。

(3) 右弓步分靠，蹬左脚。(图 6–166)

要领提示：弓步与分靠同时到位；分靠时，重心前移，蹬左脚（左腿边蹬直，脚跟边外展）成右弓步。随弓步以腰带臂、带手，两掌分别向右上和左下分开，右掌指高与眼平，掌心斜向上，力点在手臂外侧；左掌按于左胯旁，掌心向下，指尖向前；右肘与右膝上下相对，前臂不要超出大腿外侧；眼看右手。

图 6–166

右膝与右脚尖要上下相对，在一条与地面垂直的线上，膝不要超过脚尖。定势时，松肩垂肘、松腰沉胯，上体中正。

弓步时两脚之间的横向距离约 30 厘米，忌一字步或麻花步。

（4）后坐翘脚，撇右脚。（图 6–167）

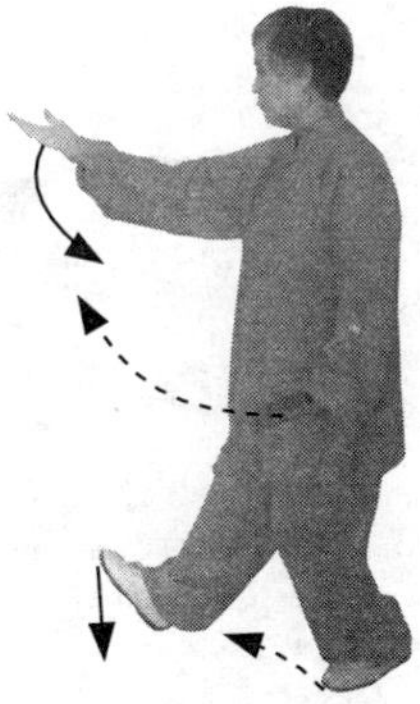

图 6–167

要领提示：上体后坐，随重心后移，右脚尖上翘并外撇，上体仍保持正直。

（5）微右转，收脚右抱球。（图 6–168）

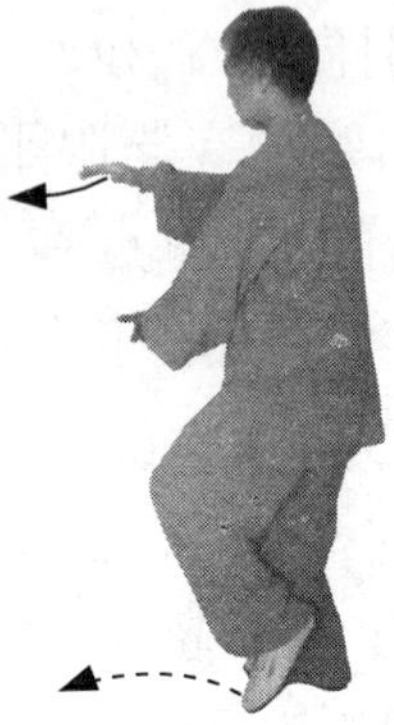

图 6–168

要领提示：两掌“抱球”要与上体右转、重心前移、收左脚协调一致，同时到位；随转体重心前移，右臂内旋，右掌翻掌心向下；左臂外旋，左掌翻掌心向上，两掌右上左下“抱球”于胸前；同时左脚收于右脚内侧；眼看右掌。

（6）微左转出步、斜抱球。（图 6–169）

（7）左弓步分靠。（图 6–170）

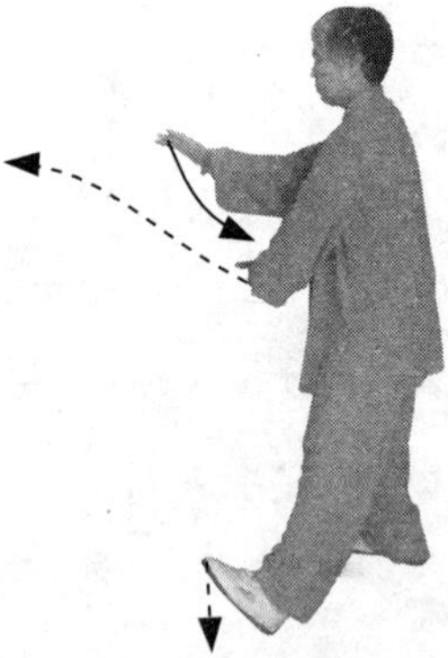

图 6–169

图 6–170

（6）~（7）动与（2）~（3）动的要领提示相同，唯动作左右相反。

22. 高探马

（1）跟半步前伸掌。（图 6–171）

要领提示：右脚跟进半步，脚前掌轻轻着地，重心仍在左腿，同时左掌微前伸；眼平视前方。

（2）后坐、右转、侧举臂。（图 6–172）

图 6–171

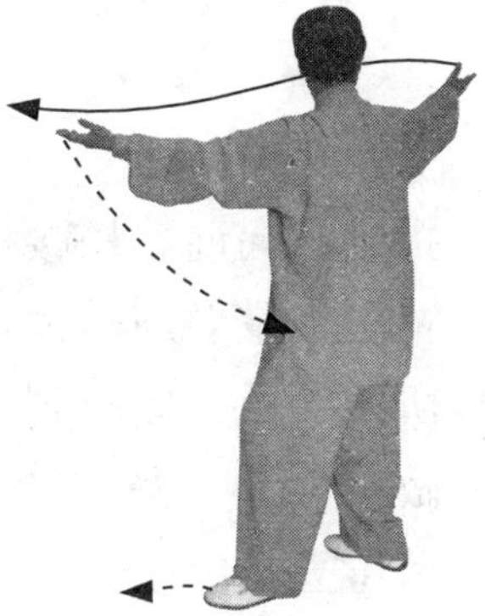

图 6–172

要领提示：右掌侧举要与上体微右转、重心后移同步。右掌自下向后平举，掌心转向上，高与肩平；眼看右掌。

（3）左转，虚步前推掌。（图 6–173）

要领提示：虚步前推掌时，随转体，以腰带臂、带手，右掌卷收经耳旁从左掌上方向前推出，掌指高与眼平，臂微屈，沉肩垂肘；左掌下落收至腰前，掌心向

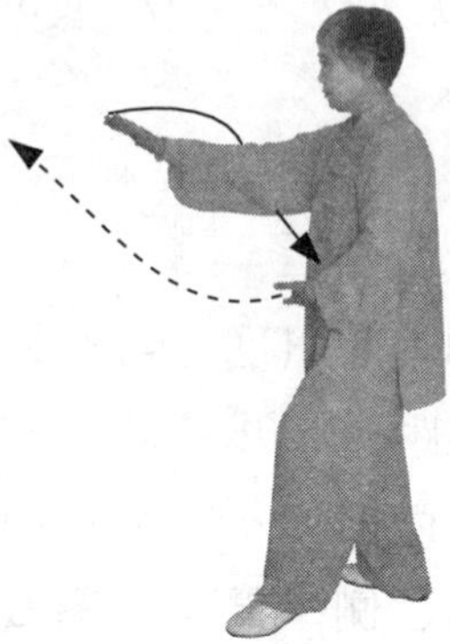

图 6–173

上，指尖斜向前；松腰松胯，敛臀，忌重心升高、俯身或凸臀。推掌要与转体、左脚微前移、脚前掌着地成左虚步协调一致，同时到位；眼看右掌。

做（1）~（3）动时，都要与腰的左右转动协调配合，保持立身中正。

23. 右蹬脚

（1）右转，带摆臂。（图 6–174）

要领提示：上体右转，以腰为轴，带动右掌向右后摆，掌心向下；左掌向左、向前划弧摆至体前，并与左脚跟轻提协调一致；眼随体转。

（2）出步穿右掌。（图 6–175）

要领提示：右掌前穿是在腰微左转的带动下进行的，不要单独地去穿掌而不转腰，穿掌要与左脚向左前

图 6–174

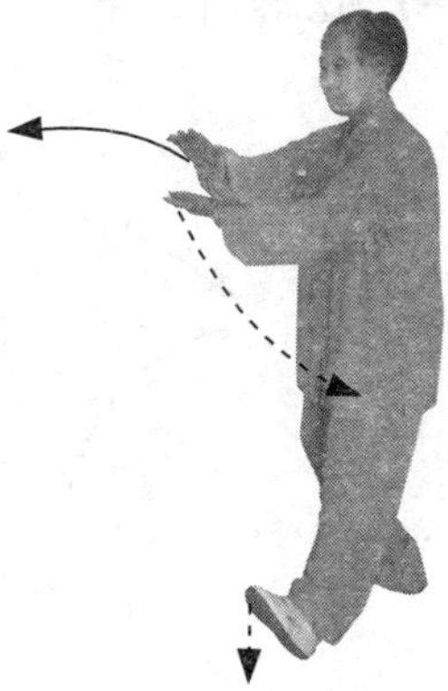

图 6–175

方上半步、脚跟着地协调配合；右掌应从左前臂上方穿出，左前臂微屈后收，掌心向上；眼看右手。

动作式（1）和式（2），两掌是在腰右左转动的带动下，各划一个平圆。

（3）弓步划立圆。（图 6–176）

要领提示：两掌划圆要以腰为轴，带动四肢动作，并与重心前移成左弓步上下协调配合，上体保持中正。两掌的运行路线是：随弓步右掌向上、向前划圆，掌心向下；左掌向下、向后划圆，掌心向上；眼看右掌。

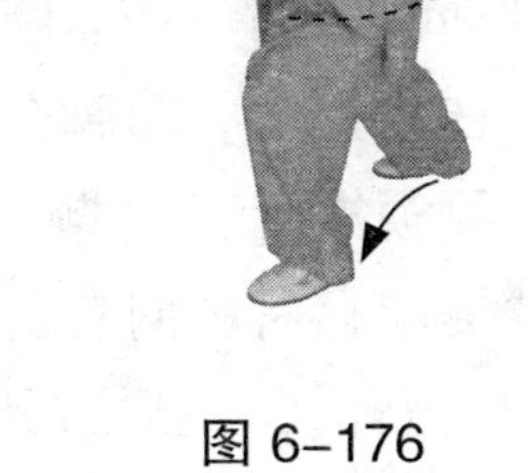

图 6–176

（4）收脚合抱。（图 6–177）

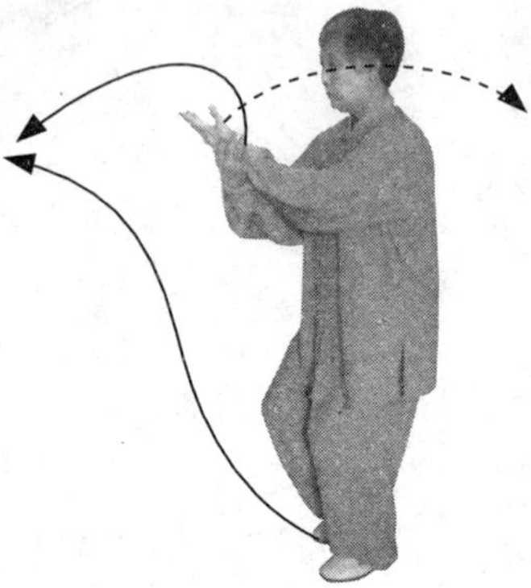

图 6–177

要领提示：两掌在腰左右旋转的带动下，右掌向下、左掌向上同时各划半个立圆，两掌相交合抱举于胸前成斜十字，右掌在外，两掌心均向内，此动作要圆活、连贯，不要有断续处；两掌合抱时，两肩要松沉，两臂要撑圆，同时要与收右脚协调一致，上体要中正，敛臀。

动作式（3）和式（4），两掌是在腰微左转再右转的带动下各划一个立圆。

（5）提膝，蹬脚分掌。（图 6–178）

要领提示：蹬脚与分掌同时进行；左腿微屈站稳，右膝提起，右脚向右前方蹬出。右脚前蹬时，两掌翻转分别向右前、左后方弧形分撑（不可直推猛撑），腕与肩平，掌心向外；蹬脚要慢要匀要稳，上体保持中正，不可弯腰低头，蹬脚的方向是右前方约 30°，力在脚跟；定势时，右臂、右腿上下相对，肩要松沉，臂微屈；眼看右掌。

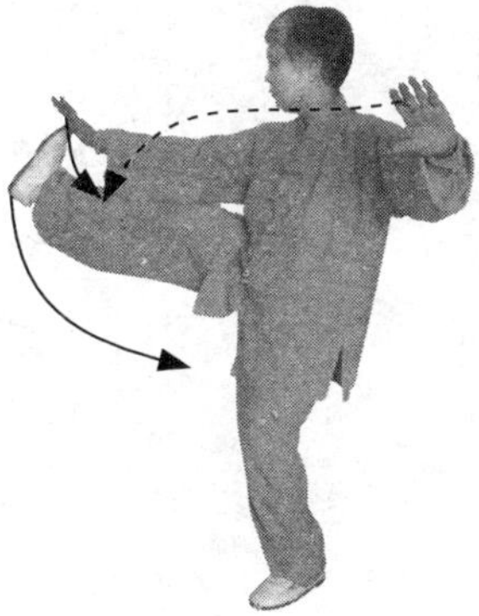

图 6–178

24. 双峰贯耳

（1）收腿并手。（图 6–179）

要领提示：收腿与并手要同步；右小腿收回时，右膝平屈，脚尖自然下垂。两掌的运行路线是：左前臂外旋，左掌向上、向前划弧下落，右掌翻转与左掌同时平行落于右膝上方，两臂微屈，肘尖下垂，掌心斜向内；重心仍在左腿，立身中正；眼向前平视。

（2）落脚落手掌变拳。（图 6–180）

要领提示：落脚与两掌下落握拳同时进行，同时到位；左腿缓缓屈膝，右脚下落，脚跟着地，方向是右前方约30°，两掌下落于两胯旁握拳，上体保持中正，敛臀，忌身体前倾或后仰；眼向前平视。

（3）右弓步双贯拳。（图6–181）

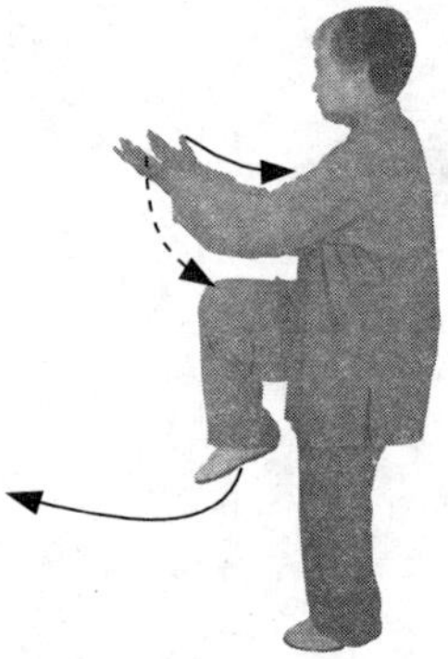

图6–179

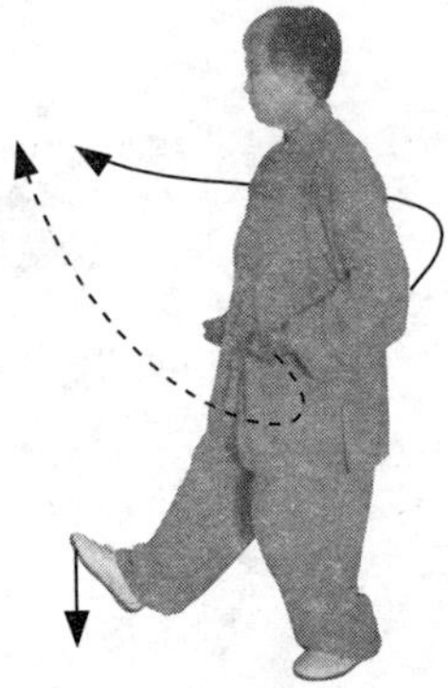

图6–180

图6–181

要领提示：贯拳要与弓步协调一致。右脚落实，重心前移成右弓步。随弓步，两拳要弧形向前上方贯打（两拳分别从两侧向上、向前贯出），松腰松胯、沉肩；两肘向两侧外开并下垂，两臂呈钳形，两拳眼斜相对，力点在拳面，高与太阳穴平（或与耳平），两拳相距约一头宽；忌低头、弯腰、耸肩、架肘、两拳过头。

贯拳的方向与右蹬脚的方向一致，即右前约 30°。

25. 左蹬脚

（1）后坐翘脚，拳变掌。（图 6-182）

要领提示：两拳变掌要与后坐、右脚尖上翘协调配合；目视前方。

（2）撇脚、弓步、两分掌。（图 6-183）

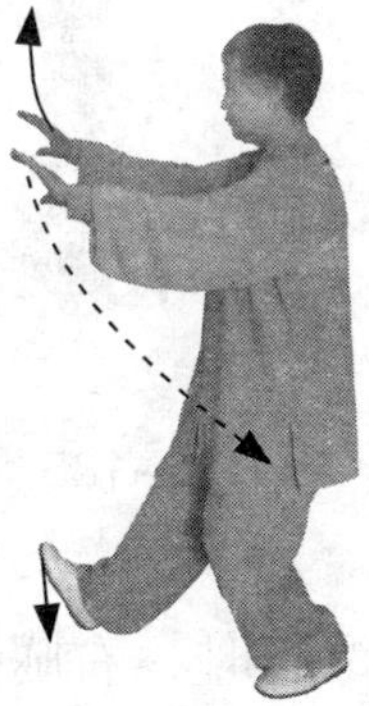

图 6-182

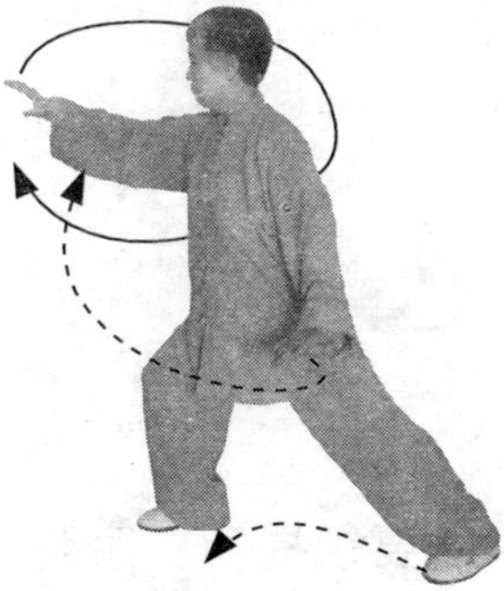

图 6-183

要领提示： 两掌向左右分开要与腰微右转、右脚尖外撇、重心前移成右弓步协调一致。

（3）收脚合抱。（图 6–184）

要领提示： 两掌合抱要与腰微左转、收左脚、脚尖点地（也可不点地）同步。随转腰两掌分别从左、右两侧向下、向内划弧交叉合抱于胸前成斜十字形，掌心皆向内（左掌在外），到位时，松肩垂肘，两臂撑圆；眼看左前方。

（4）提膝、蹬脚分掌。（图 6–185）

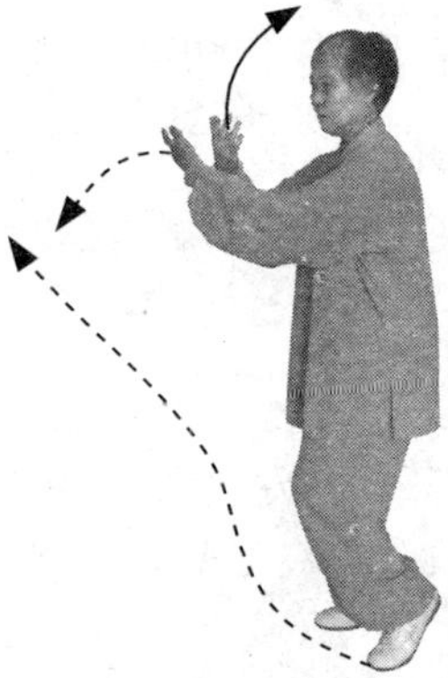

图 6–184

图 6–185

要领提示： 蹬脚与分掌同步。蹬脚时，右腿微屈站稳，左脚慢慢向左前方约 30°蹬出，力在脚跟；同时两掌向左前、右后方划弧分撑，臂微屈，腕与肩平，左臂与左腿上下相对；眼看左掌。

26. 掩手撩拳

（1）收脚、划弧、上举拳。（图 6–186）

要领提示：两掌划弧、右手握拳上举（举于头前，手心皆向内）要与腰微右转、收左脚、脚尖点地协调配合，到位时立身中正。两掌的运行路线是：随腰微右转，两掌自两侧向上、向内划弧，举于头前，同时右掌变拳，两手心均向内；目视前方。

图 6–186

（2）出左步右转，旋臂落腰间。（图 6–187、图 6–187 附图）

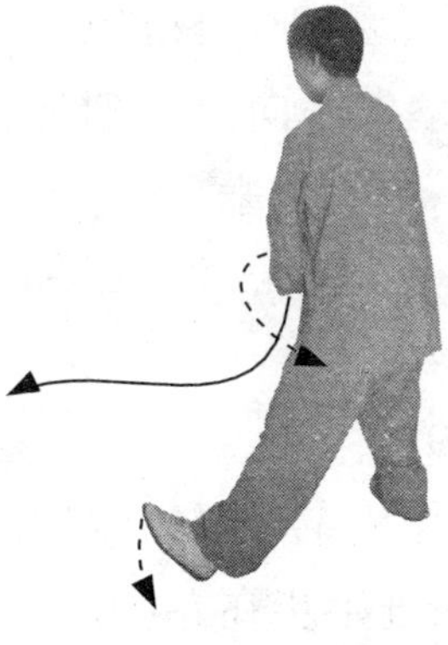

图 6–187

图 6–187 附图

要领提示：两手下落要与上体右转、左脚上步脚跟着地协调一致。右拳下落时，以腰为轴，上体向右拧转，两臂向怀中掩裹下落至右腰间，右拳落于左掌心内，手心皆向上；眼随体转，眼看右前下方。

（3）左转，弓步前撩拳。（图 6–188）

要领提示：右拳前撩要与上体左转、重心前移成左弓步协调一致。撩拳有两种：一是不发力，右拳随左转体，向前直臂撩出，拳高与腹平，拳眼向左，拳面斜向前下；二是快速发力撩弹，周身一家，腰腿发力，前臂弹抖要快速松展，不要僵直，拳面与右前臂在一条直线上，不要折腕，前后衔接圆活自然，气势贯穿，不要有断续处。同时左掌随左转体握拳收至左腰间，拳心向上。到位时，松肩、垂肘、顺肩，松腰、沉胯；眼看右拳。

图 6–188

27. 海底针

（1）跟步拳变掌。（图 6–189）

要领提示：两拳变掌要与腰微左转、右脚跟进半步、脚前掌着地协调一致。右脚跟进半步在左脚侧后方落下。

(2) 后坐右转，两手划弧，提右手。(图 6–190)

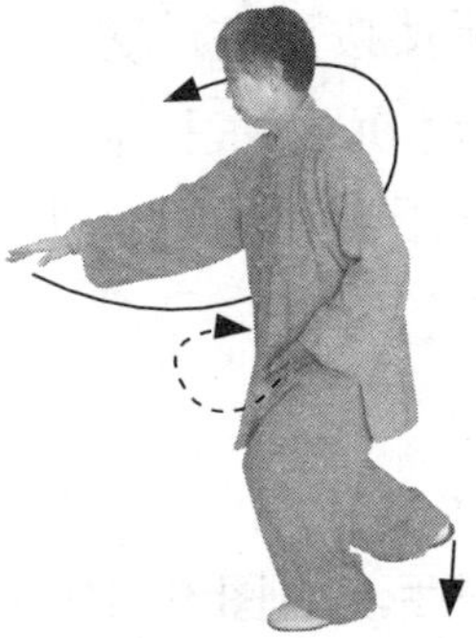

图 6–189

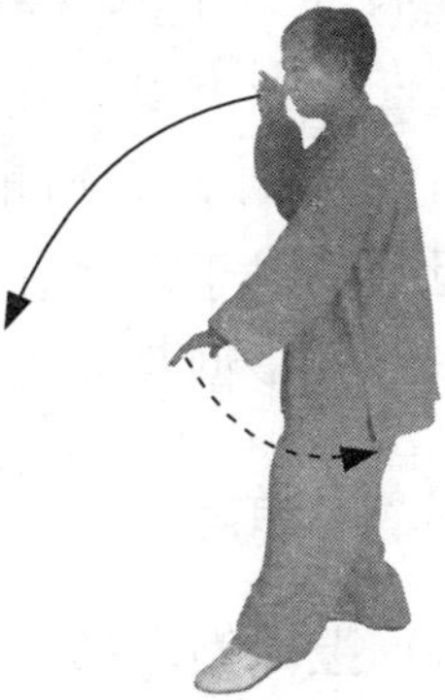

图 6–190

要领提示：两手划弧，右手抽提要与上体右转、重心后移（后坐）协调一致。随转体，两掌的运行路线是：以腰带臂，右手在身体右侧划一立圆抽提至右耳旁，侧立，掌心向内，指尖向前；左手变俯掌向左、向前划半个平圆至体前。到位时，松肩垂肘，上体中正，忌扬肘、耸肩；眼看前方。

(3) 左转，虚步搂按、斜插掌。(图 6–191)

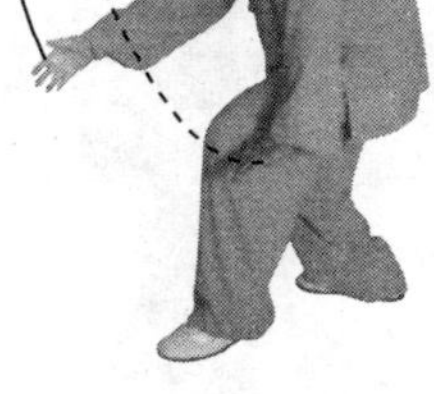

图 6–191

要领提示：右手斜插、左手搂按要与上体左转、左脚前移半步、脚前掌着地成左虚步协调一致并同时到位。随转体右手从耳侧向前下方插掌，指尖斜向前下，掌心向左，忌劈掌；左掌向左划弧搂按至左胯旁，掌指向前；定势时，右肩前顺，塌腰、沉肩，上体可微前倾，但不要过于前倾，注意保持躯干端正，忌低头、弯腰、凸臀；步型是左虚步；目视前斜下方。

28. 闪通背

（1）上体微右转，收左脚上提手。（图 6–192）

要领提示：两掌上提要与上体微右转、收提左脚协调一致，立身要中正，忌耸肩、吊肘。两掌上提，右臂直中有屈，高与肩平，右掌侧立，掌心向左，指尖向前；左掌指靠近右臂内侧，掌心向右；眼看前方。

（2）出左步，翻右掌。（图 6–193）

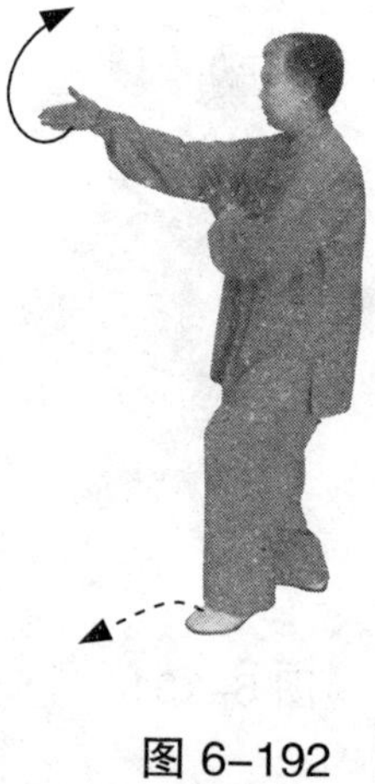

图 6–192

图 6–193

要领提示：右掌外翻，左掌微落与左脚上步要同步，上体仍保持正直；目视前方。

(3) 弓步撑推掌。(图 6–194)

图 6–194

要领提示：左掌前推、右掌上撑与弓腿三者要协调一致，同时到位。

此势是顺弓步推掌，左肘与左膝上下相对，与“顺步肘与膝合”的拳论相符。左脚落平，重心前移成左弓步，随弓步，左臂微屈，配合呼气，左掌经胸前向前推出，掌心向前，高与鼻平；右掌经面前翻掌上撑停于右额旁，掌心斜向上，指尖向左，要有一种推撑拉的张力，即：左手前推，右手举撑并有向后引拉的意念。定势时，腰向前、向下松沉，右胯不要外敞，两脚之间的横向距离不宜太宽，大约 10 厘米。

第五段（29～36式）

29. 右左分脚

（1）后坐扣脚，转体划弧。（图 6–195）

要领提示：两掌划弧向左右两侧分开（掌心向外）要与重心后移、右后转体、扣左脚（左脚充分内扣）上下协调一致并同时到位，右胯里缩，上体中正；眼看右前方。

（2）重心左移、收右脚合抱。（图 6–196）

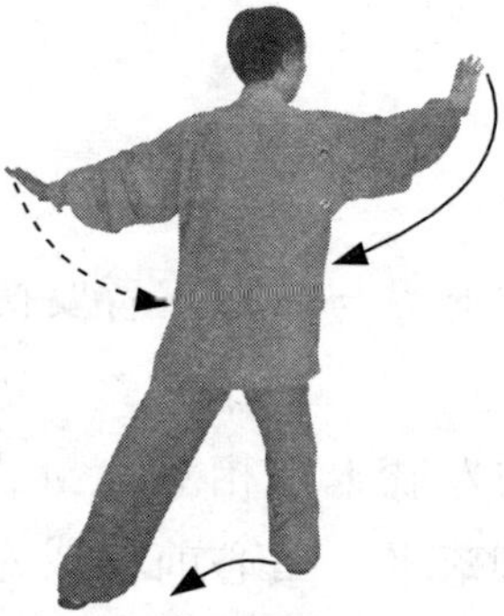

图 6–195

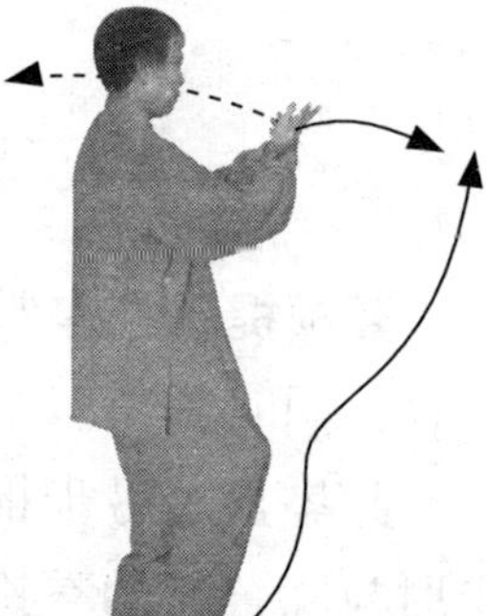

图 6–196

要领提示：两掌合抱于胸前要与重心左移、收右脚（脚尖点地）协调一致。随收脚，两手向下再向体前划弧，在腹前交叉后再合抱于胸前成斜十字形，右掌在外，掌心均向内；两肘、两肩松沉，两臂撑圆；

眼看右前方。

(3) **提膝，分脚分手。(图 6-197)**

要领提示：分脚、分手同时进行。分脚时，左腿微屈站稳，右膝提起，右脚向右前方慢慢踢出，脚面绷平，方向正前偏右，立身中正；两掌同时向右前、左后划弧分撑，掌心皆向外，腕高与肩平，肩要松沉、臂微屈，右臂与右腿上下相对；眼看右掌。

(4) **收腿翻右掌。(图 6-198)**

图 6-197

图 6-198

要领提示：右前臂外旋，右掌翻转向上要与右小腿屈收、脚尖自然下垂同步，左腿微屈站稳，立身中正；眼看右掌。

(5) **落脚穿左掌。(图 6-199)**

要领提示：左掌斜前穿要与腰微右转、左腿屈膝、右脚前落、脚跟着地协调配合。两掌的运行路线是：右掌心向上并稍向内收；左掌下落经左腰侧向前、向上划弧并从右前臂上穿出，掌心斜向前；眼看左掌。

（6）弓步划立圆。（图 6–200）

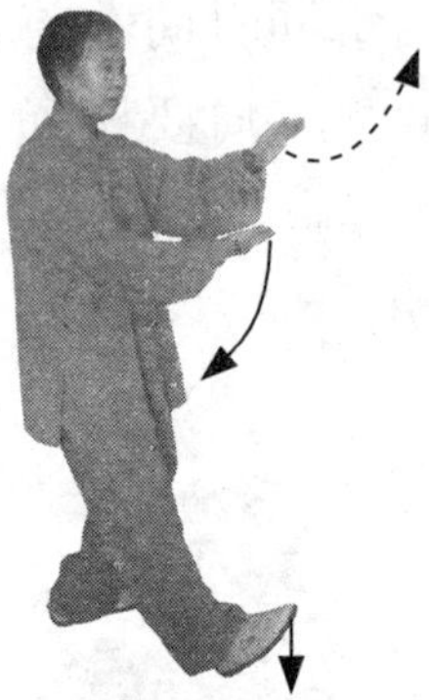

图 6–199

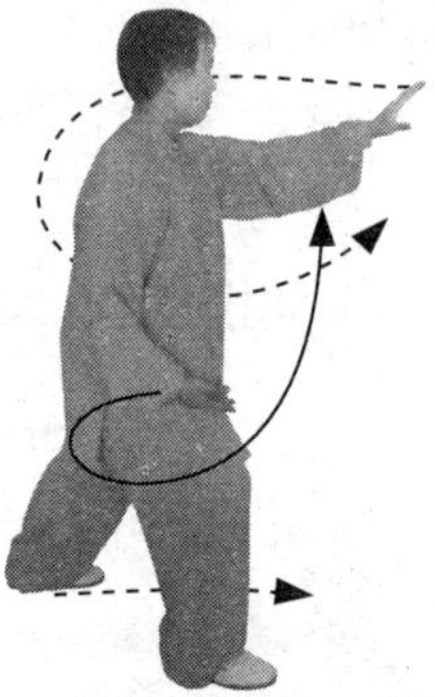

图 6–200

要领提示：两掌划弧要与腰微左转、重心前移成右弓步协调一致。随弓步左掌向上、向前划弧，掌心向下；右掌向下、向后划弧，掌心向上，两掌在体前各划半个立圆；上体保持中正，松腰沉胯；眼看左掌。

（7）收脚合抱。（图 6–201）

要领提示：两掌划弧交叉合抱于胸前要与重心前移、收左脚（脚尖点地）协调一致。合抱时，随腰微右转再左转，左掌向下、右掌向上继续划弧，两腕交叉合抱于胸前，左掌在外，掌心均向内。两肘、两肩松沉，两臂撑圆；眼看两掌前方。

(8) 提膝，分脚分手。(图 6-202)

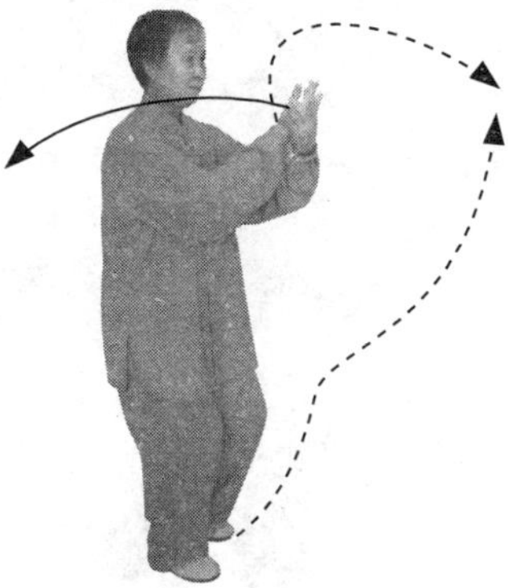

图 6-201

图 6-202

(8) 动与 (3) 动的要领提示相同，唯动作左右方向相反。

左分脚前，两掌随腰的转动先划平圆再划立圆，动作要圆活、连贯。

收腿翻右掌、落右脚穿左掌、弓步划立圆，都要与腰的转动协调配合。

30. 搂膝拗步（二）

(1) 落脚，右转划弧侧举臂。(图 6-203)

要领提示：左掌划弧，右掌翻转侧举要与上体右转、左腿屈收下落协调一致，立身要中正，眼随手动。随转体右掌翻转上举，高与头平；左掌向上、向右后划弧落于右肩前，掌心向下。两掌划弧劲贯两臂，右臂托掌不耸肩，左臂屈肘压掌不夹臂；眼看右掌。

（2）微左转出步、屈右肘。（图 6–204）

图 6–203

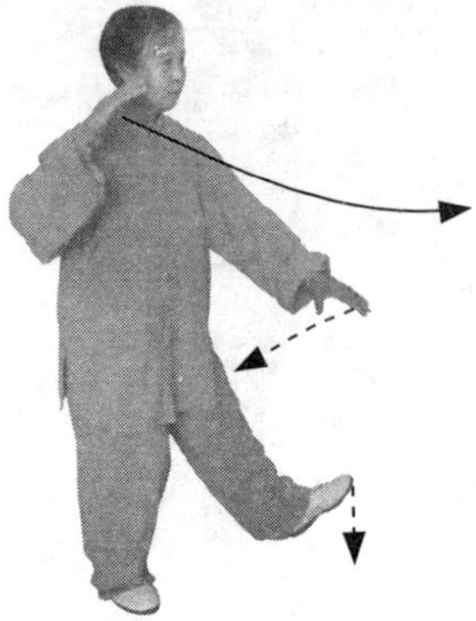

图 6–204

要领提示：右臂屈肘要与上体微左转、左脚上步（偏左）协调配合。随转体出步左掌向下划弧至体前，掌心向下；右掌屈收至右耳旁，掌心斜向前；目视前方。

（3）弓步搂推掌。（图 6–205）

要领提示：左掌搂按、右掌前推与弓步三者同时到位。随重心前移成左弓步，右掌经耳侧向前推出，掌心向前，肩略向前顺，右掌应与右脚跟在一条直线上；左掌同时下落经左膝前搂过，按于左胯旁，掌心向下，掌指向前。定势时，右臂微屈，右手坐腕、展掌、舒指，松腰、沉胯、沉肩，上体正直；两脚之间的横向距离约 30 厘米；眼看右掌指前方。

(4) 后坐翘脚。(图 6–206)

图 6–205

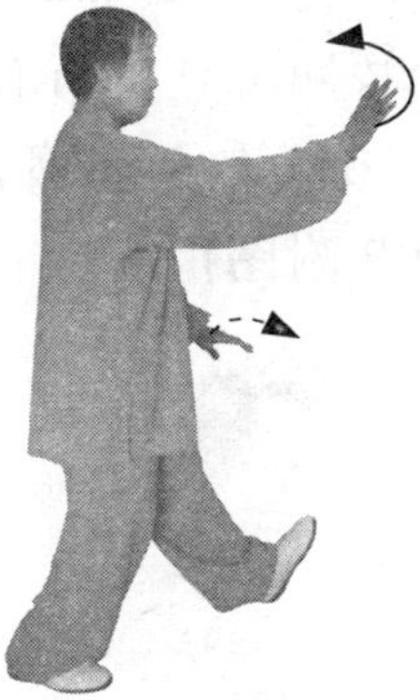

图 6–206

要领提示：左脚尖翘起与重心后移、上体后坐同步。上体保持中正，敛臀。

(5) 撇脚、微左转。(图 6–207、图 6–207 附图)

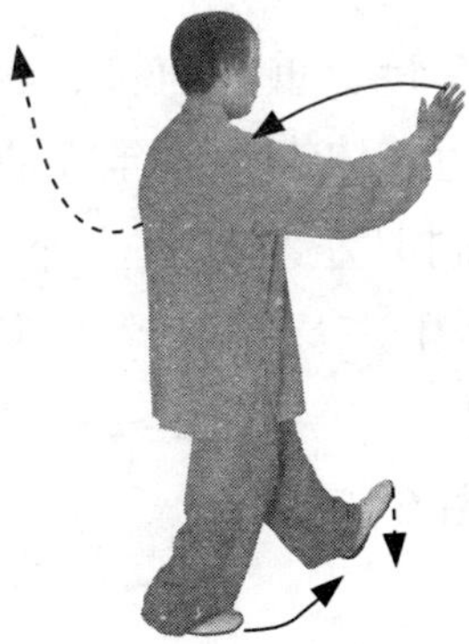

图 6–207

图 6–207 附图

要领提示：两掌旋臂翻转要与上体微左转、左脚尖外撇协调一致。随转体两前臂外旋，右掌心转向左，左掌心转向上；眼看右掌。

（6）重心前移，收右脚侧举臂。（图 6–208、图 6–208 附图）

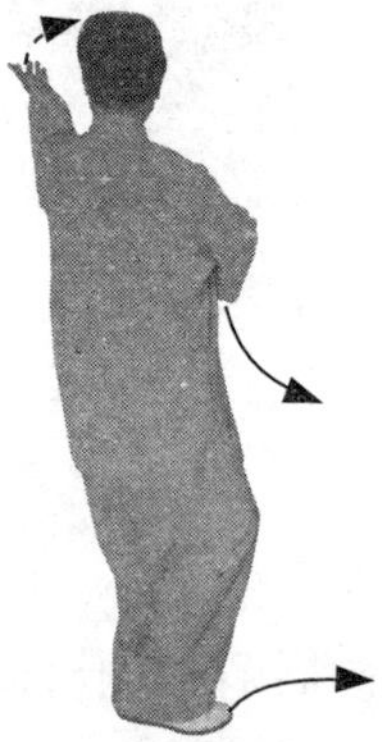

图 6–208

图 6–208 附图

要领提示：左掌侧举要与上体左转、重心前移、收右脚同步。立身中正，目视左掌。随转体右脚收至左脚内侧，脚尖点地（也可不点地）。同时左掌划弧上举，高与头平；右掌向上、向左划弧落于左肩前，掌心向下；眼看左掌。

（7）微右转出步、屈左肘。（图 6–209）

（8）弓步搂推掌。（图 6–210）

（7）～（8）动与（2）～（3）动的要领提示相同，唯动作左右方向相反。

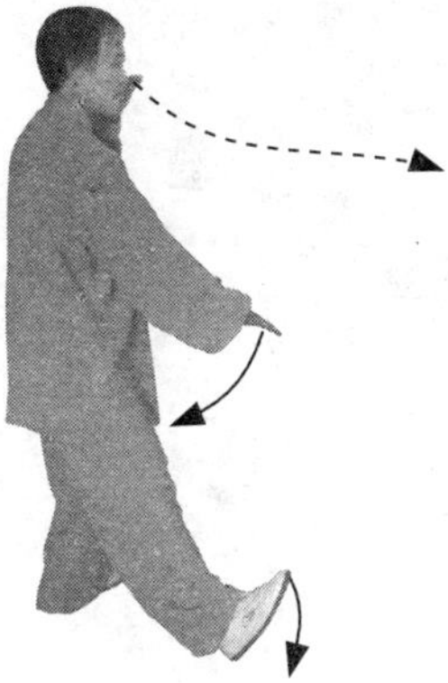

图 6-209

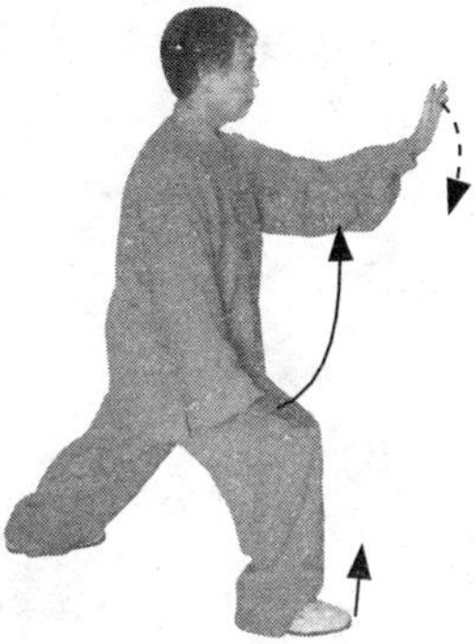

图 6-210

31. 上步擒打

（1）后坐翘脚，穿右掌。（图 6-211）

要领提示：右掌前穿要与腰微左转、重心后移（上体后坐）、左脚尖翘起协调一致。两掌的运行路线是：左掌翻掌心向上并微后收，右掌屈肘从左前臂上向前穿出，掌心斜向前。松腰坐胯、敛臀，上体中正；眼看前方。

图 6-211

（2）撇脚右转，弓步划平弧。（图 6–212）

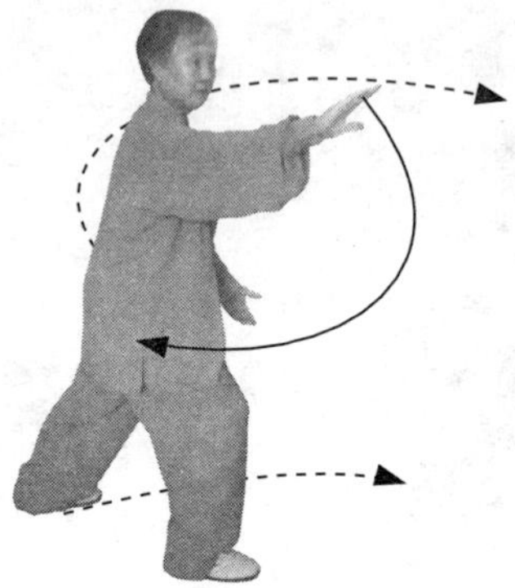

图 6–212

要领提示：抹右掌，收左掌要与上体右转、右脚外撇、重心前移成右弓步协调一致，并同时到位。随弓步右掌自左向前、向右抹掌划弧；左掌向右、向后划弧，收于腹前；眼看右掌。

穿掌与抹掌都要以腰为轴带动上肢动作，动作要圆活连贯。

（3）上步掌变拳。（图 6–213）

要领提示：两掌变拳要与上体微右转、重心移于右腿、左脚上步协调一致。随转体上步右掌外划再握拳收于右腰间，拳心向上；左掌向左、向前划弧，扣腕握拳停于体前，拳心向下，拳眼斜向内，高与肩平。右胯与右脚跟上下垂直，上体中正；眼看左拳。

（4）弓步前打捶。（图 6–214）

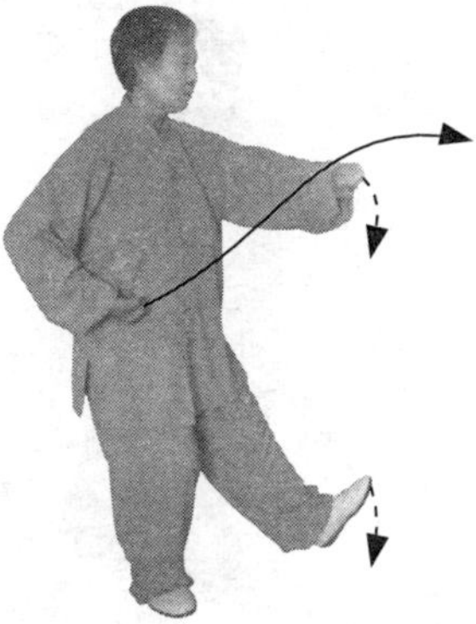

图 6–213

图 6–214

要领提示： 右拳前打、左拳后收要与重心前移成左弓步协调配合。随弓步右前臂内旋，右拳自腰间向前打出，拳眼向上，高与肩平，力在拳面；左拳微向后收于右臂下，拳心向下，拳眼向里。到位时，右臂直中有屈；左臂屈肘，松肩、松腰、沉胯，上体保持中正；眼看右拳前方。

32. 如封似闭

（1）跟步拳变掌。（图 6–215）

要领提示： 两拳变掌要与右脚跟进半步、脚前掌着地同步，上体保持中正，不可前倾。随跟步两拳变掌，掌心斜向上；目视前方。

（2）分掌、后坐、回引。（图 6–216）

图 6–215

图 6–216

要领提示：分掌回引要与右脚踏实、重心后移（后坐）协调一致。回引时，两掌慢慢分开，以两肘牵引两前臂内旋、两掌边分边翻转边回引至胸前，与肩同宽，到位时，松腰坐胯、敛臀，上体保持中正，不要后仰；眼随手动。

（3）上步，两掌下沉至腹前。（图 6–217）

要领提示：两掌下沉要与左脚前上半步、脚跟着地协调一致。同时两掌下沉至腹前，掌心斜向下；眼随手动。

（4）左弓步前推按。（图 6–218）

要领提示：两掌向前推按与重心前移成左弓步同时进行，同时到位。随弓步两掌由腹前弧线向前推出，掌

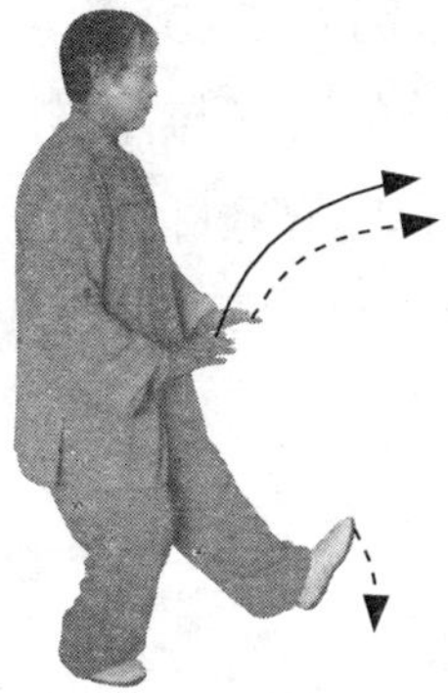

图 6-217

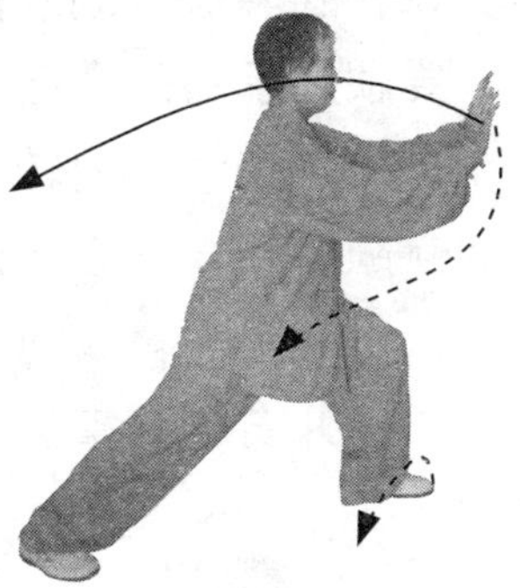

图 6-218

心向前，两掌之间的距离与肩同宽，腕高与肩平，臂微屈，松腰松胯、敛臀，上体不可前倾；目视前方。

33. 左云手（三）

(1) 后坐扣脚，右转、划立圆。（图 6-219）

要领提示： 右掌经面前、左掌经腹前向右划立圆（右云）要与上体右转、重心后移、扣左脚上下协调一致，右胯里缩，上体中正。右掌心向外；左掌右划时，掌心由外转向内；视线随右掌转动。

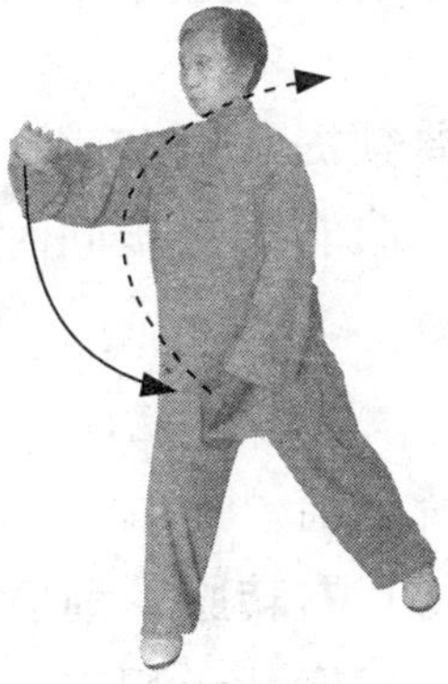

图 6-219

（2）左转腰，划立圆云手。（图 6-220）

要领提示：两掌在体前划立圆左云要与左转体、重心左移协调一致。随转体重心左移，左掌自右经面前向左划立圆云转，掌心向内；右掌自右经腹前向左划立圆云转，掌心向下；眼随左掌动。

（3）并右脚翻掌。（图 6-221）

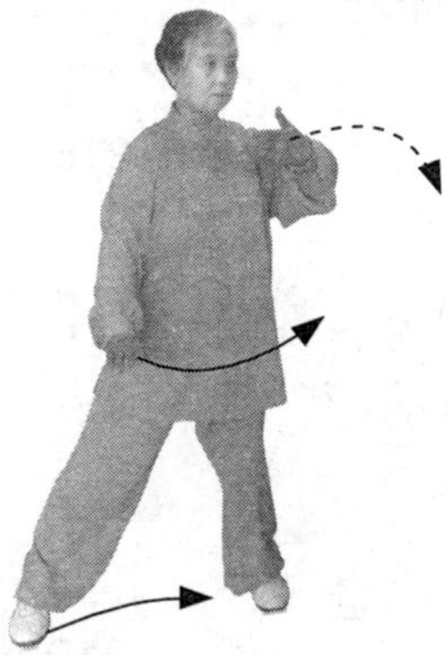

图 6-220

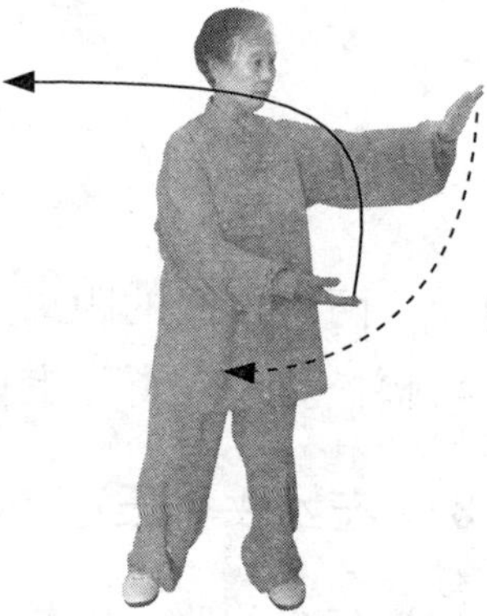

图 6-221

要领提示：左前臂内旋，右前臂外旋，两掌同时翻转要与收右脚并步同时进行，同时到位。到位时，左掌心向外，右掌心向上。眼看左掌。右脚收于左脚内侧（并步）成小开立步，两脚之间的距离为 10~20 厘米，脚尖皆向前。

（4）右转腰，划立圆云手。（图 6-222）

（5）横开步翻掌。（图 6-223）

（6）左转腰，划立圆云手。（图 6-224）

（7）并脚翻掌。（图 6–225）

（8）右转腰，划立圆云手。（图 6–226）

（9）横开步翻掌。（图 6–227）

（10）左转腰，划立圆云手。（图 6–228）

（11）并脚翻掌。（图 6–229）

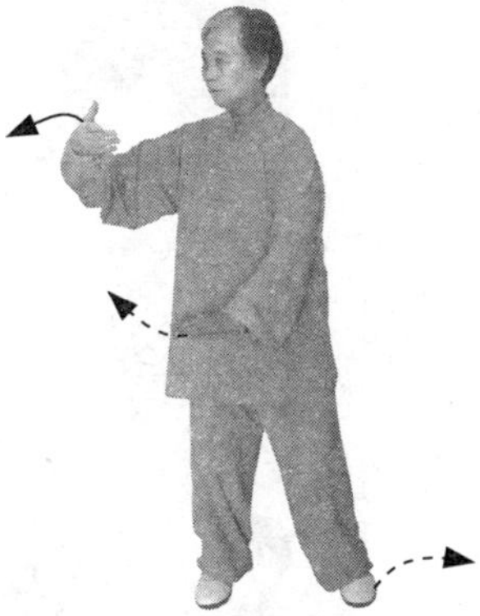

图 6–222

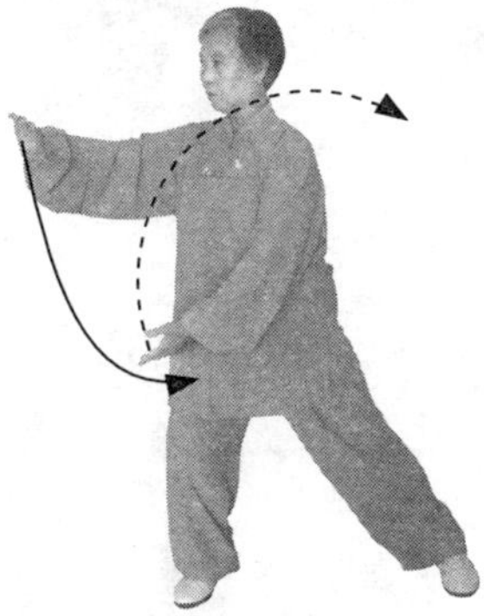

图 6–223

图 6–224

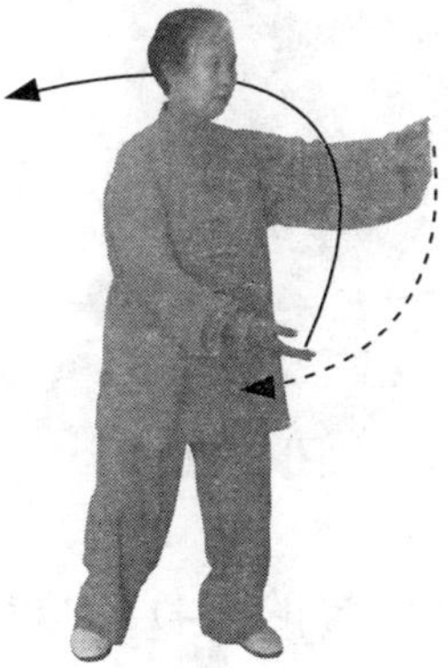

图 6–225

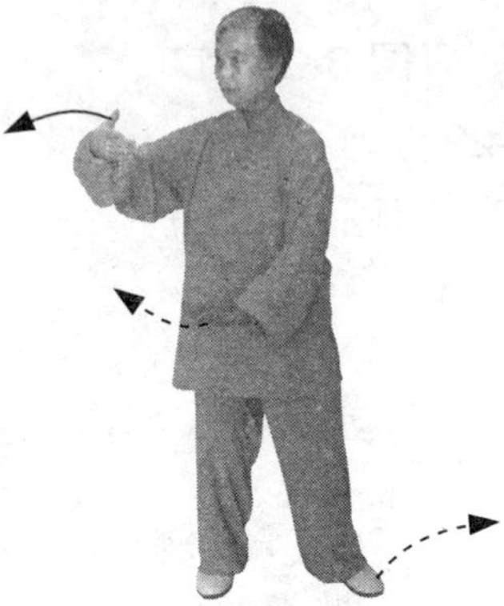

图 6-226

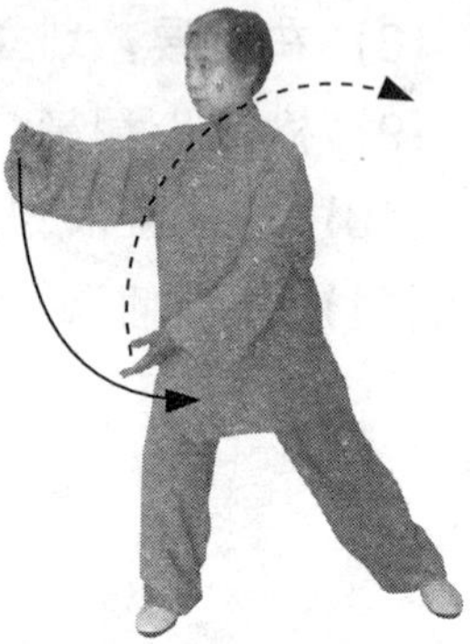

图 6-227

图 6-228

图 6-229

此势的（4）~（11）动与右云手（4）~（11）动的要领提示相同，唯动作左右方向相反。

注：（11）动收右脚并步翻掌时，右脚要内扣，以

便于转接下个动作。

34. 右撇身捶

（1）撤步伸探掌。（图 6–230）

要领提示：右掌伸探，左掌划弧回收要与上体左转、左脚后撤、重心右移成右弓步协调一致。随撤步两掌同时翻转，右掌从左前臂上方弧形穿出（伸探），掌心向下，停于体前，高与肩平；左掌向体前划弧回收于腹前，掌心向上，两掌心斜相对；眼看右掌。左脚撤步的方向是左侧后方。

（2）后坐、左转、两掌划弧。（图 6–231）

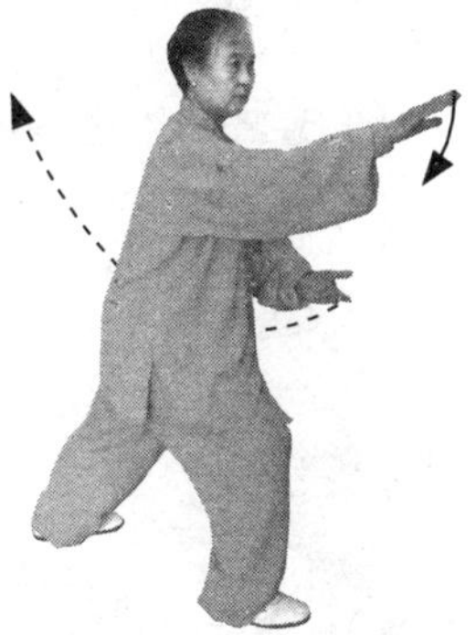

图 6–230

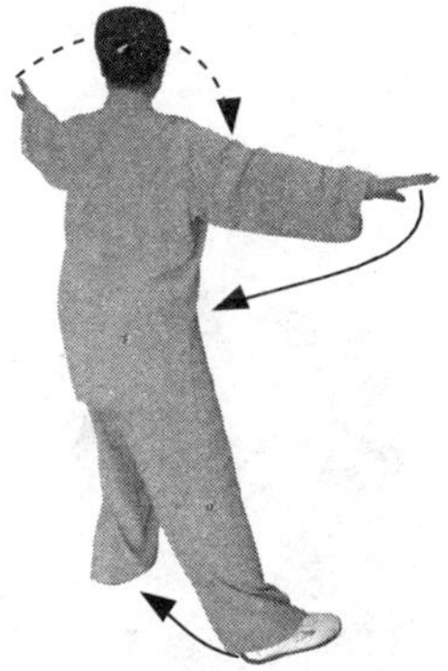

图 6–231

要领提示：两掌划弧（向左右展开）要与上体左转、重心后移（后坐）同步，松腰坐胯、敛臀；眼随左手动。

（3）收右脚，右掌变拳合手。（图 6-232、图 6-232 附图）

（4）右转出步，上架拳。（图 6-233）

（5）弓步撇打捶。（图 6-234）

图 6-232

图 6-232 附图

图 6-233

图 6-234

(3) ~ (5) 动与16势左撇身捶 (4) ~ (6) 动的要领提示相同，唯动作左右方向相反。

35. 左右穿梭

(1) 松拳、后坐、翘脚。(图6-235)

要领提示：右拳变掌与上体微左转、重心后移（后坐）、右脚尖上翘同步。右拳变掌微后收，掌心斜向上。到位时，松腰坐胯，立身中正；眼看右掌。

(2) 扣脚，右弓步穿抹。(图6-236)

图6-235

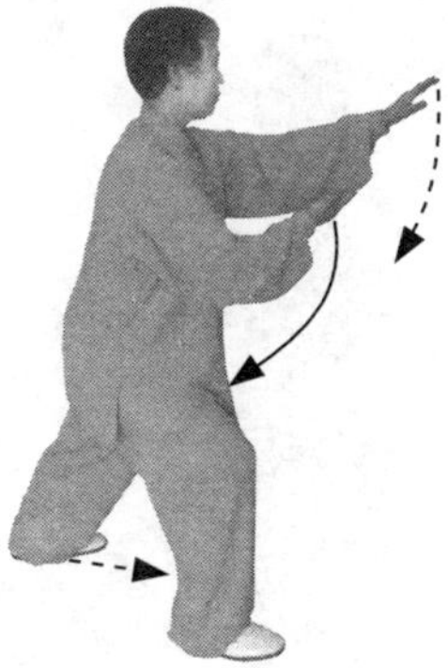

图6-236

要领提示：左掌穿抹、右掌微后收要与上体微左转、扣右脚、重心前移成右弓步协调一致。随转体弓步，左掌自右前臂上穿出并向左前方抹掌划弧，掌心向下；右掌回收于左肘内侧下方，两掌心斜相对，两掌运行时都要走弧形。到位时，松腰、沉胯，上体中正，不可前探；眼看左掌。

（3）收脚回捋。（图 6–237）

要领提示：收脚与回捋要同步，并与上体右转协调一致。两掌回捋时，应以腰带动两掌，自前向下回捋，右掌捋至右胯旁，掌心向上；左掌捋至腹前，掌心斜向下，两掌心斜相对。到位时，松腰、落胯，上体中正，右腿屈膝，左脚收于右脚内侧，重心不得起伏，身体不可直立；眼随手动。

（4）出步搭手掤。（图 6–238）

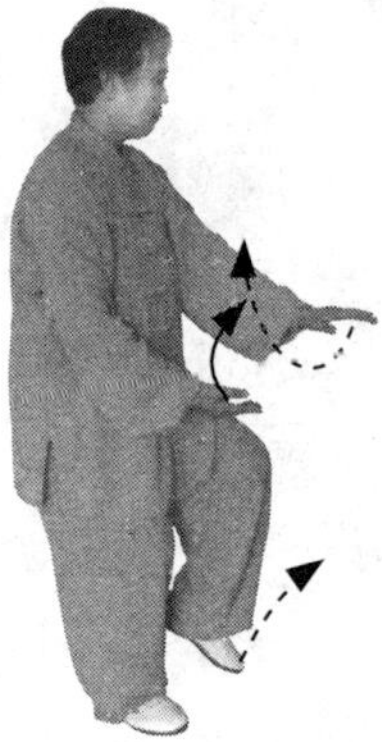

图 6–237

图 6–238

要领提示：两掌搭手要与左脚上步、脚跟着地同步。左前臂外旋，右前臂内旋，两掌上提至胸前，右掌指轻附于左腕内侧，两臂要掤圆。左脚上步的方向是左前方。

(5) 弓步向前划半圆。(图 6-239)

图 6-239

要领提示：左掌向前划半圆（平圆）要与上体微左转、重心前移成左弓步协调配合。随重心前移左掌自右向前划平圆，掌心斜向上；右掌指轻附于左腕内侧随之平划，掌心斜向下；眼看左掌。

弓步向前划半圆，要松腰松胯，上体不可前探。

(6) 跟步左转，划平圆。(图 6-240、图 6-240 附图)

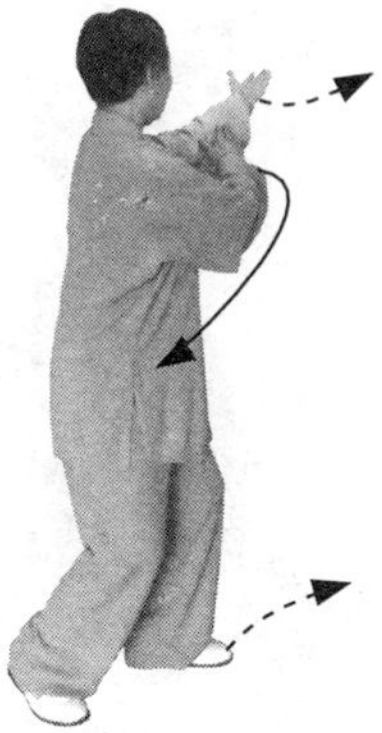

图 6-240

图 6-240 附图

要领提示：左掌划平圆要与上体左转、右脚跟进半步协调一致。随转体跟步，左掌向左、向后划平圆，掌心斜向上；右掌随之；眼看左掌。右脚向前跟进半步至左脚后，脚前掌着地。

（7）后坐、右转、旋臂、出左步。（图 6-241）

要领提示：左掌旋臂翻转、右掌收回要与上体右转、重心后移、左脚前迈协调配合，松腰坐胯、敛臀，上体中正，不可后仰。两掌的运行路线是：随转体上步，重心后移，右掌自左前臂内侧收于腰前，掌心斜向下；左前臂内旋，左掌翻转，掌心斜向前；眼看右前方。

弓步划半圆、跟步划平圆与右转旋臂出左步，都要以腰为轴带动四肢动作，使之转换自如，上下协调一致。

（8）弓步架推掌。（图 6-242）

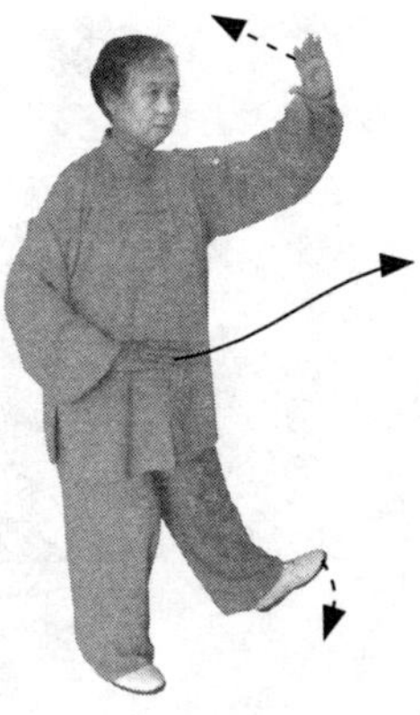

图 6-241

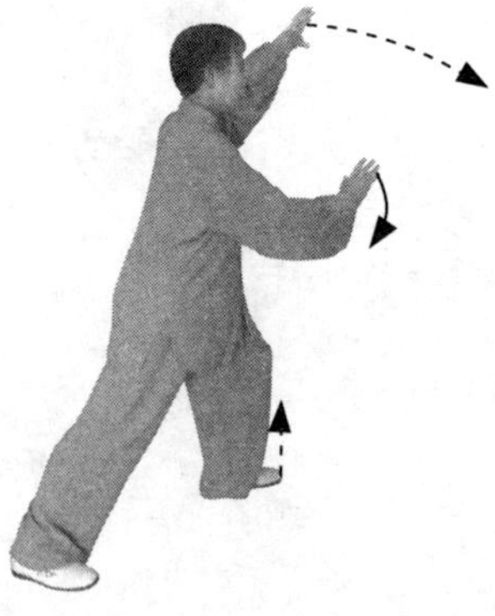

图 6-242

要领提示：架推掌时，上体左转、以腰带动两臂，左手上举托架，架于左额前上方，掌心斜向上；右手经腰间向前推出，掌心向前，高与肩平，并与重心前移成左弓步协调一致，上体要中正，肩要松沉、胯要正、不抬肘、不耸肩、不扭胯、不歪身；定势时，弓步的方向是左斜前方，步型为拗弓步，两脚之间的横向距离约30厘米；眼看右掌。

（9）后坐、翘脚、右转体。（图6–243）

要领提示：左掌翻转（左前臂外旋，左掌心斜向上）、收右掌（掌心向下）要与上体右转、重心后移（后坐）、左脚尖上翘协调一致。到位时，松腰坐胯，上体中正。

（10）扣脚，弓步穿抹。（图6–244）

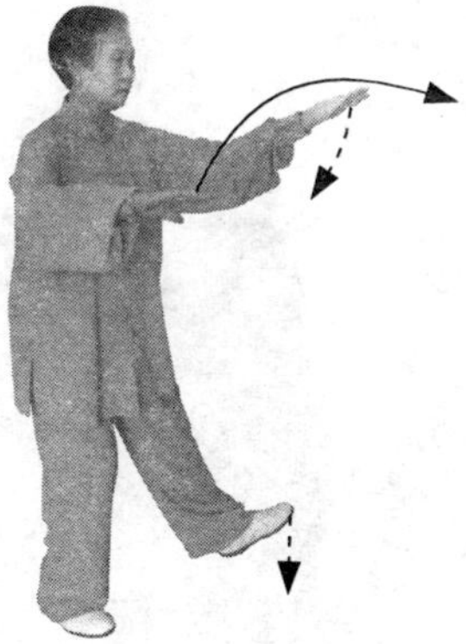

图6–243

图6–244

（11）收右脚，回捋。（图 6–245）

（12）出步搭手掤。（图 6–246）

（13）弓步向前划半圆。（图 6–247）

（14）跟步右转，划平圆。（图 6–248）

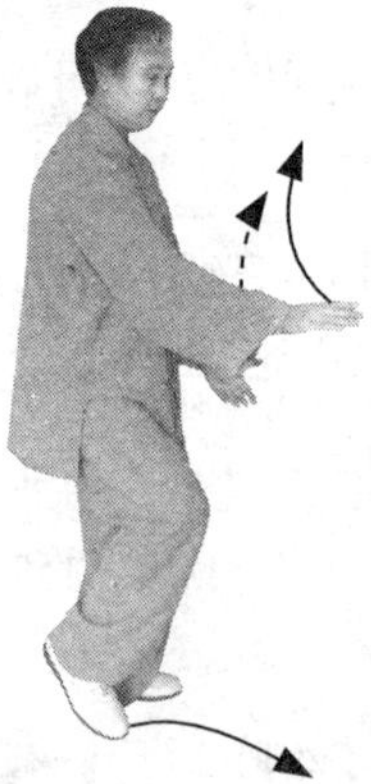

图 6–245

图 6–246

图 6–247

图 6–248

（15）后坐、左转、旋臂、出右步。（图 6–249）

（16）弓步架推掌。（图 6–250）

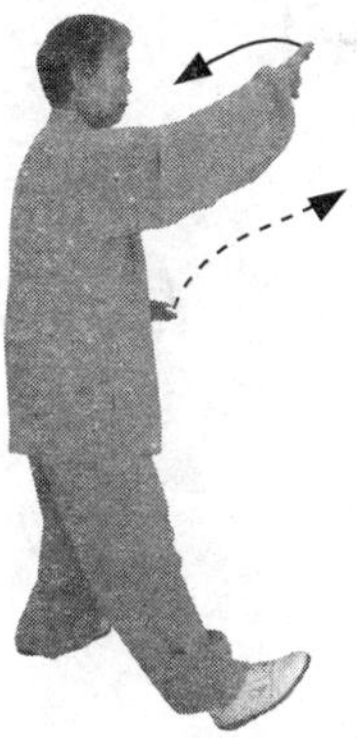

图 6–249

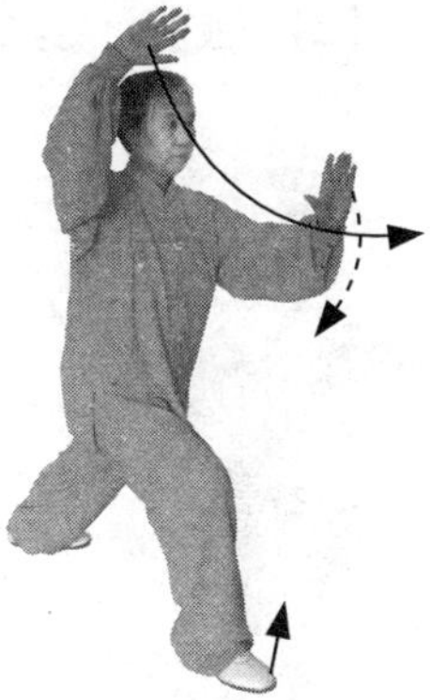

图 6–250

（10）~（16）动与本势（2）~（8）动的要领提示相同，唯动作左右方向相反。

本势着重体现了拳论中“腰为主宰”的论点，应在练习中细心揣摩体会。

36. 退步穿掌

（1）后坐翘脚，左转摆臂。（图 6–251）

要领提示：右掌旋臂翻转前摆（掌心斜向上）、左掌划弧回收（左腰侧）要与上体左转、重心后移（后坐）翘右脚协调一致。到位时，松腰坐胯，上体正直。

两掌的运行路线是：随转体左掌向左、向后划弧至左腰侧，掌心斜向下；右前臂外旋，右掌落于体前，掌心斜向上；眼看右掌。

（2）撤步，穿按掌。（图 6–252）

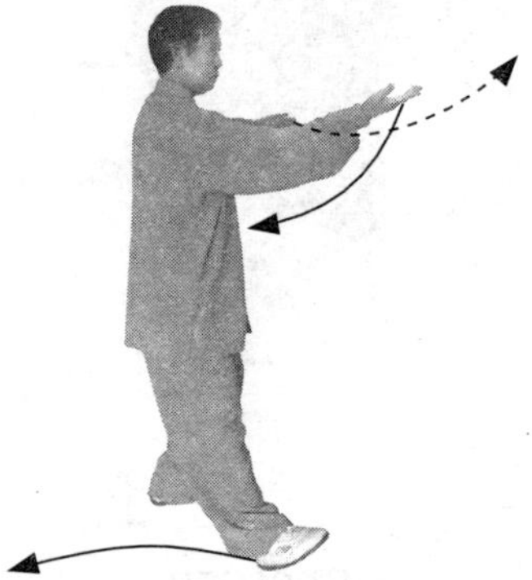

图 6–251

图 6–252

要领提示：退步与穿按掌要同时进行，同时到位，并与左腿屈膝成左弓步协调一致。右脚提起应从左脚内侧向后撤步；右掌横肘下落，按于胸前左肘下方；左掌翻转向上卷收至腰间，再经右前臂上向前上方穿出，掌心斜向上，高与眼平。同时，调正左脚，脚尖向前，上体要中正，松腰、沉胯、左臂微屈、肘微垂，忌上体前倾；眼看左掌。

退步要稳，调整左脚，脚尖向前；退步的方向是右后方，忌两条腿在一条直线上或拧麻花步。

第六段（37～48 式）

37. 虚步压掌

（1）后坐扣脚，转体举臂。（图 6-253）

要领提示：左掌上举（左额上方）收右掌（腹前）要与重心后移、右后转体、左脚尖内扣协调一致。到位时，松腰坐胯、敛臀、右胯里缩、不歪斜、上体中正；眼向前平视。

（2）重心左移、移右脚，虚步横压掌。（图6-254）

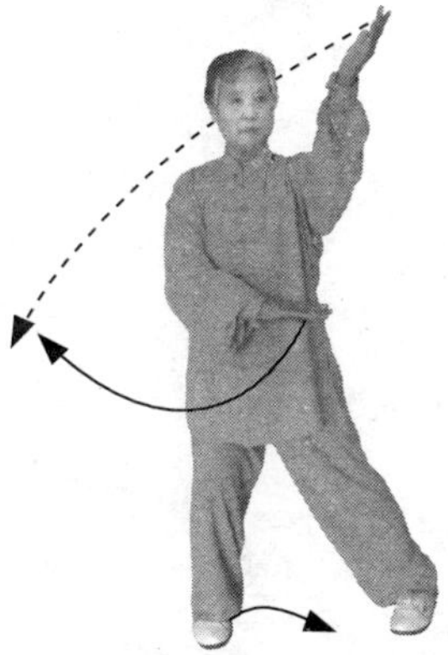

图 6-253

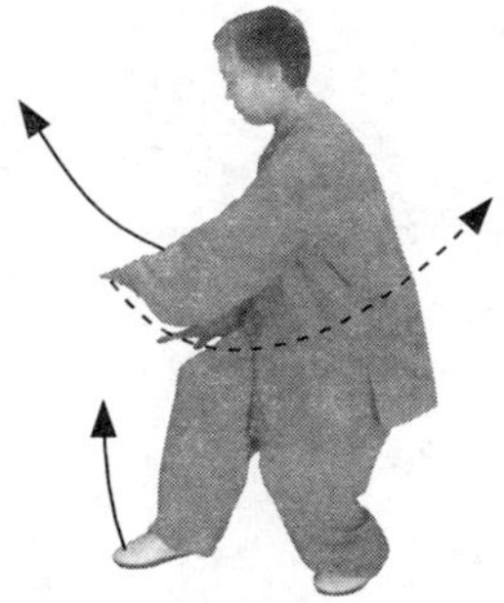

图 6-254

要领提示：左掌横压、右掌搂按要与上体右转、重心左移、移右脚成右虚步协调一致。转体成虚步时，左腿屈膝，右膝放松，调整右脚，稍向右移，脚尖向前，上体向下松沉，身微前俯，压掌时顺肩转腰，不要低头弯腰或过于前俯，要松腰、沉胯、敛臀。两掌的运行路线是：左掌自上而下横按于右膝上方，掌心向下，拇指向内；右掌按于右胯旁，掌指向前；眼看前下方。

38. 独立托掌

提膝撑托掌。（图 6–255）

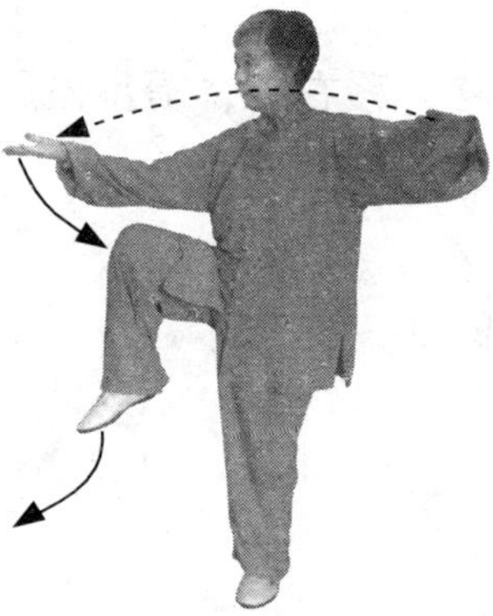

图 6–255

要领提示：右臂旋转、右掌上托，左掌横撑要与上体微左转、左腿独立、右膝提起同步，上下协调一致。右前臂外旋，右掌举于胸前，腕高与胸平；左掌向左、向上划弧，撑于体侧，腕高与胸平，掌心向外，掌指斜向前；左腿站立要稳，右脚尖自然下垂，右肘与右膝上下相对，立身中正，不可左晃右斜，要有“稳如泰山”

之气势。定势时，松腰、含胸、沉肩、右臂微屈，肘微垂，左臂撑圆；眼看右掌。

39. 马步靠

（1）落步、右转、撇脚、摆臂。（图 6–256）

要领提示： 两掌划弧，左掌前摆、右掌下捋要与上体右转、左腿屈膝、右脚横落协调一致。两掌划弧时，右臂内旋，右掌向下、向右划弧；左臂外旋，左掌向上、向右前划弧；右脚随重心下降，脚跟要轻落着地，上体仍保持正直；眼平视。

（2）收脚、右手上举、左握拳。（图 6–257）

图 6–256

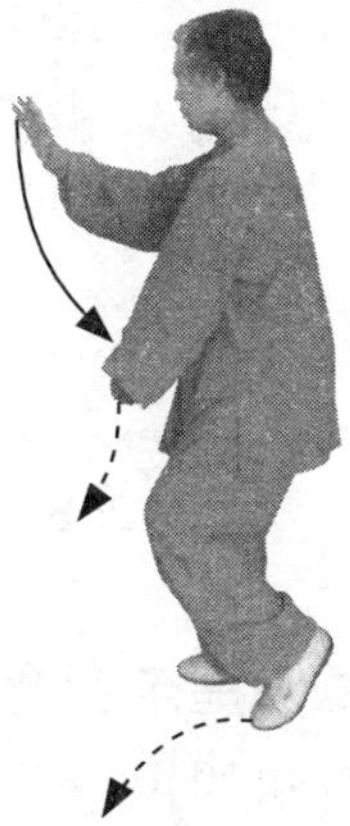

图 6–257

要领提示： 左手握拳、右掌上举要与上体右转、重心前移右腿、收左脚上下协调一致。重心在右腿。随移重心右掌翻转向上，并侧举至体右侧；左掌变拳，落于腹前，拳心斜向下；眼随手动。

（3）左转出步、落右手。（图 6–258）

要领提示：右掌下落要与上体微右转、左脚前上协调配合；上体要中正，敛臀，不可猫腰、凸臀，右掌收回推附于左前臂内侧，蓄劲待发。左脚上步的方向是左前方；眼随手动。

（4）半马步斜靠。（图 6–259）

图 6–258

图 6–259

要领提示：此势的步型是丁半马步，重心略偏于右腿，右腿约占七分、左腿约占三分，两脚夹角不要超过 90°，两脚成丁字步；左臂内旋微屈，前臂立起，左拳眼对膝；右掌落于左肘内侧，掌心向前，推助左臂，配合呼气，腰向前、向下松沉，利用重心下沉前移左前臂经腹前向左撑靠，沉胯圆裆；靠时，腰腿发力，力达左肩上臂外侧，向左前方靠出，右腿微向内合。定势时，左臂微屈停于身体左侧，左拳拳眼向内，拳面向下停于左膝上方。

此势不要做成左弓步靠，靠时上体仍保持正直，不可前倾，要注意敛臀；目视左前下方。

40. 转身大捋

(1) 后坐、翘脚、拳变掌。(图 6–260)

要领提示： 两臂旋转、左拳变掌、两掌掌心同时转向右并微向后收要与上体微右转、重心后移、左脚尖翘起协调一致；上体中正，敛臀；目视前方。

(2) 撇脚、双旋掌。(图 6–261)

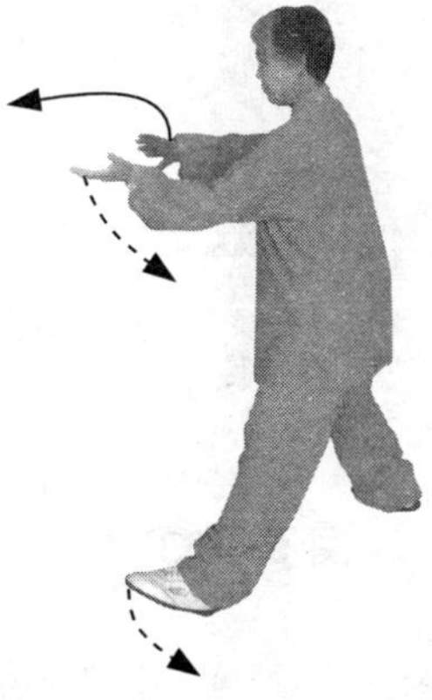

图 6–260

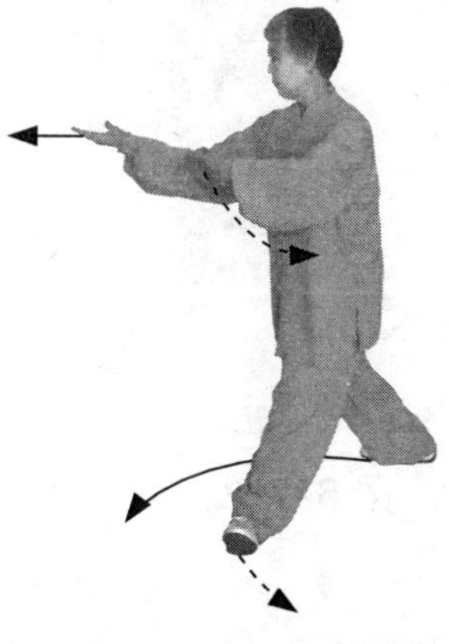

图 6–261

要领提示： 两臂旋转翻掌要与上体左转、左脚尖外撇上下协调一致，同时到位。到位时，左掌掌心向外，右掌掌心斜向上；眼看右掌。

（3）左转，收脚、撑托掌。（图 6-262）

要领提示：左掌屈肘、右掌托举要与上体左转、重心前移、收右脚协调配合；随身体上起，两掌同时向上提举，高与肩平，右掌举于身体右侧，掌心向上；左掌屈肘提至体前，掌心向外。右脚向前收于左脚内侧，两脚平行，相距约 10 厘米，两脚尖向正前方（起势方向），重心略偏左，右脚跟不着地；眼看右掌。

（4）碾脚，左转体。（图 6-263）

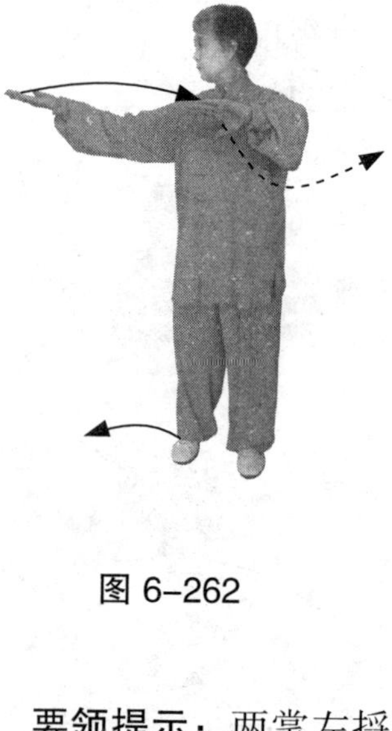

图 6-262

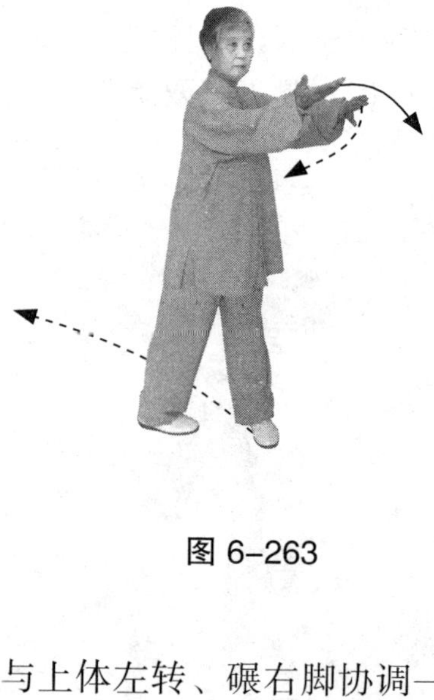

图 6-263

要领提示：两掌左捋要与上体左转、碾右脚协调一致，重心在左腿，膝微屈，合裆；眼随体转。

（5）撤步、平捋。（图 6-264）

要领提示：两掌平捋要与上体左转、左脚后撤、右腿屈弓（弓步）协调一致；随转体两掌翻转向左平捋至体前，右掌前伸，掌心向下，高与肩平；左掌停在右肘内侧，掌心向上，两掌心斜相对，松腰沉胯；眼看右掌。

（6）侧弓步滚压肘。（图 6–265、图 6–265 附图）

图 6–264

图 6–265

图 6–265 附图

要领提示：两掌变拳，左拳外旋收至腰间、右臂外旋，右拳屈肘滚压要与上体左转、碾左脚、蹬右脚、重心左移成左侧弓步协调一致，忌做成马步滚压。

此势要以腰带动两臂，两掌变拳并外旋、配合呼气，右前臂外旋，屈肘滚压至体前，右臂半屈成弧形，拳心斜向内；左前臂外旋，左拳收至左腰间，拳心向上。松腰、沉胯、沉肩，劲力连贯，向下沉劲，滚肘撅臂。

总之，并步、转体、撤步、平捋要衔接配合，以腰为轴，定势时，成横裆步，两脚平行向前，两手由平捋转为滚肘撅臂，向下沉劲，头随体转；眼看右拳。

41. 撩掌下势

（1）后坐右转，旋臂后穿拳。（图 6-266）

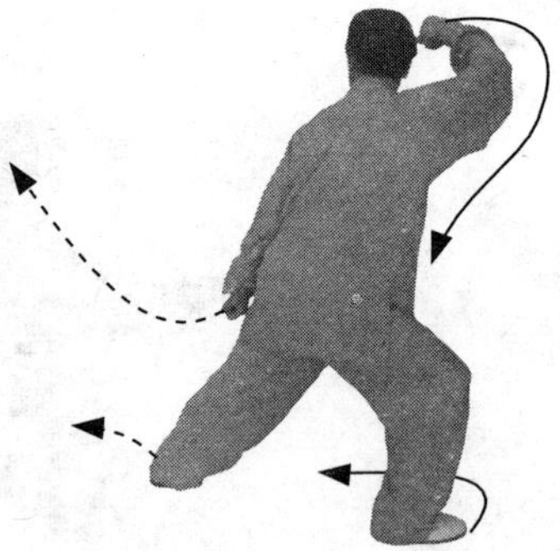

图 6-266

要领提示：两臂内旋，右臂屈肘、右拳横架（架于右额前，拳心向外）、左拳后穿（自腰间向身体左后方穿出，拳心向后）要与上体右转、重心右移成右侧弓步协调一致，注意敛臀；眼看前方。

（2）撇脚、扣脚、左转、松拳。（图 6-267）

要领提示：两拳变掌要与上体左转、撇左脚、扣右脚、重心左移成左弓步协调一致。两拳变掌，左掌翻转划至体前，掌心斜向下，右拳变掌向后、向下划弧至体侧。头随体转，眼看前方。

（3）跟步，丁步撩掌。（图 6-268）

图 6-267

图 6-268

要领提示：右掌前撩要与右脚跟进半步、脚前掌着地成丁步协调一致。右掌经右胯外侧向前下方撩出，掌心斜向前，高与小腹平；左掌掌指轻附于右前臂内侧，掌心斜向下，拇指向内。跟步时要合胯屈腿，右脚轻提轻落。撩掌的步型为后丁步，而不是弓步。定势时，要松腰、沉胯、敛臀，上体中正，不可前倾；眼看前下方。

（4）后坐，右转划弧，收脚变勾手。（图 6–269）

要领提示： 右掌右划变勾手要与上体右转、右脚踏实、重心右移、收左脚协调一致。右掌向上、向右划弧至身体右前方变成勾手；左掌随之转动收于右前臂内侧，掌心向内；眼看右勾手。

图 6–269

（5）屈蹲伸左腿。（图 6–270、图 6–270 附图）

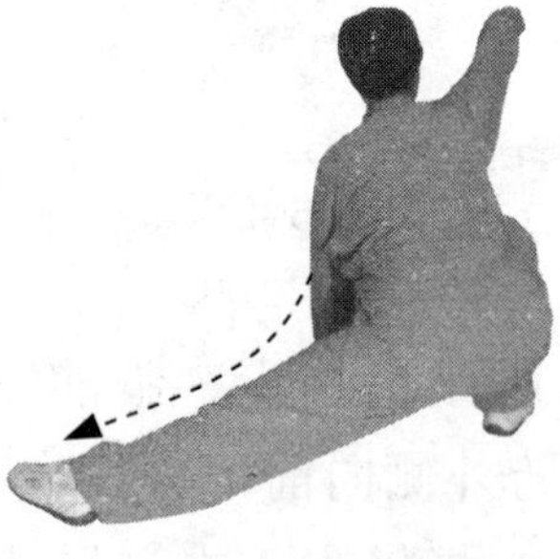

图 6–270

图 6–270 附图

要领提示：左掌下落与左腿伸直仆出、右腿屈蹲成仆步协调配合。两脚之间的横向距离不要过宽，左脚尖应与右脚跟在同一条直线上，随仆步左掌下落腹前；眼看左掌。

(6) 左转，仆步穿掌。（图 6–271）

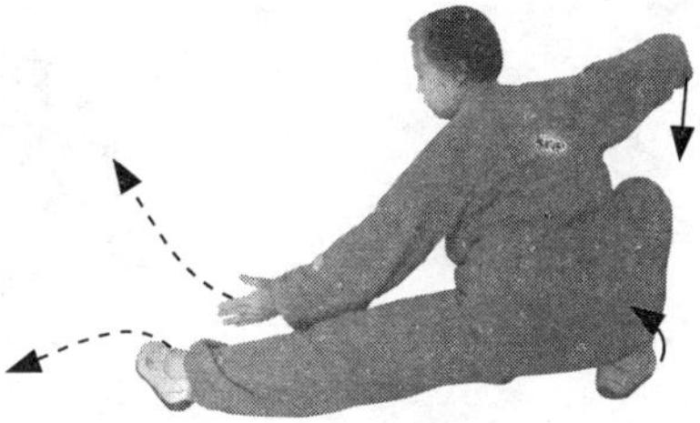

图 6–271

要领提示：穿掌要与上体左转协调一致。穿掌时，左手经腹前顺左腿内侧向前穿出，掌心向右，指尖向前。上体中正，不可前倾，忌低头、弯腰、凸臀，要注意敛臀；眼看左掌。

42. 上步七星

(1) 撇左脚、扣右脚、弓步挑掌后勾手。（图 6–272）

要领提示：左掌上挑（高与肩平）、右勾后背（右臂内旋、勾尖向上）要与上体左转、撇左脚、扣右脚、重心前移成左弓步协调一致，左臂与左腿上下相对，松腰松胯，上体中正；眼看左掌。

(2) 上右脚，虚步十字拳。(图 6-273)

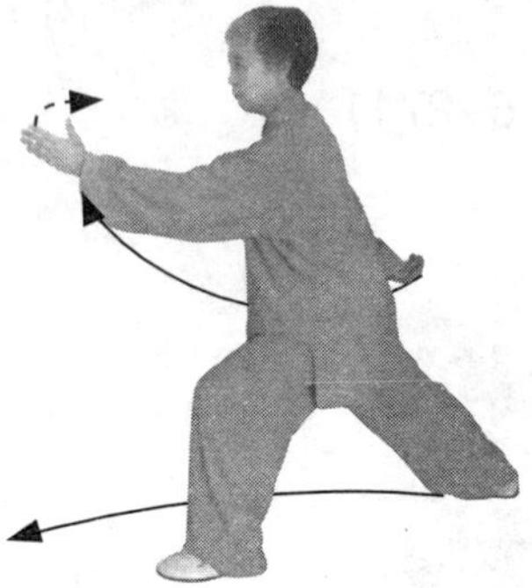

图 6-272

图 6-273

要领提示： 两腕交叠成十字拳要与右脚上步成虚步协调一致，起身时，合胯、右脚轻提上步要匀、轻灵平稳，迈步如猫行，即右脚轻起轻落、点起点落。两掌的运行路线是：左掌变拳微内收，拳心向内；右勾手变拳自后向前、向上架起，拳心向外，两腕交搭成十字拳，右拳在外；定势时，两臂撑圆，有外撑之意，松腰、沉胯、敛臀、上体中正，但不要挺胸、耸肩或凸臀。

43. 独立跨虎

(1) 撤步拳变掌。(图 6-274)

要领提示： 两拳变掌要与右脚后撤、脚前掌着地同步。

（2）后坐、右转，划弧摆臂。（图 6–275）

图 6–274

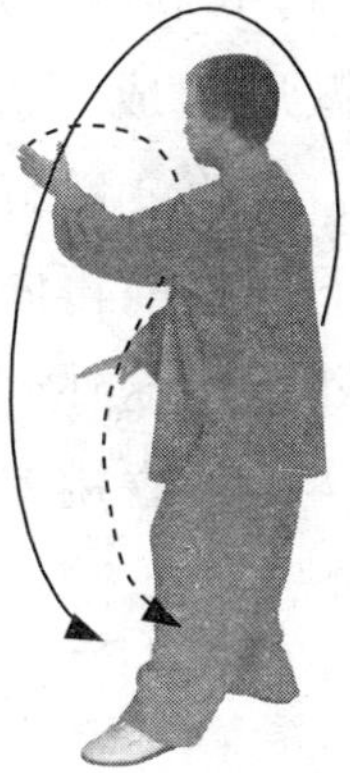

图 6–275

要领提示：两掌右划要与上体右转、重心后移、左脚跟微提同步。随转体右拳变掌向下、向右划至右胯旁，掌心向下；左拳变掌右划摆至体前，掌心向右；眼随体转。

（3）左转划弧，丁虚步压掌。（图 6–276）

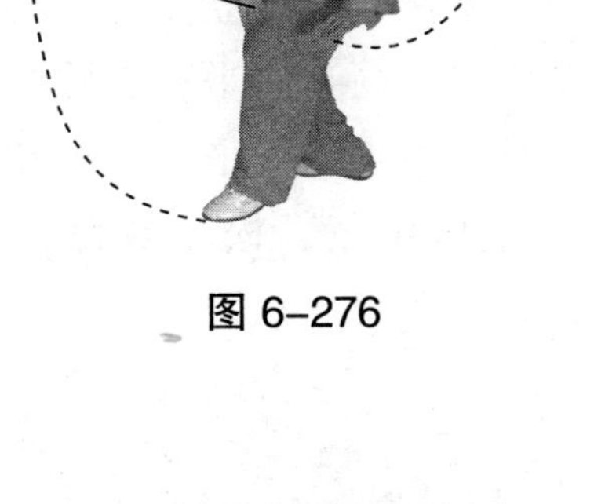

图 6–276

要领提示：两掌划弧、左掌按于左胯旁（掌心向下）、右掌下插于左腿外侧（掌心向外）要与上体左转、左脚微后收成丁虚步协调一致。定势时，两腿略屈蹲，松腰、坐胯、敛臀，上体中正。两掌的运行路线是：左掌向下经腹前再向左划弧按于左胯旁，右掌上划经头前再下划至左腿外侧上方，掌心斜向外；眼随手动。

（4）独立挑勾手。（图 6–277）

图 6–277

要领提示：右掌上挑、左勾侧举要与上体左拧、右腿独立、左腿屈膝前举协调一致；右掌上挑应顺着左大腿外侧，向右前上方挑起成侧立掌，掌心向左；左掌变勾上提，举于左后方，高与肩平；右腿微屈站稳，左腿提起，膝微屈前举，左脚面展平并微内扣，右手与左脚大体上下相对，上体中正，松腰敛臀、不猫腰、不后仰；眼看左前方。

44. 转身摆莲

（1）右后转体、扣脚、带摆臂。（图 6–278）

要领提示：右掌翻转屈肘平带、左掌前划平摆要与右后转体、碾右脚、左脚右摆扣落（右脚外侧）协调一致；扣脚要充分，上体旋转 270°，旋转要连贯，不可脱节，上体要保持平稳，不可摇晃。随转体，左勾手变掌，掌心转向上，自左后向前划弧平摆，高与肩平；右掌翻转向下、向右、向后屈肘平带；眼看左掌前方。

（2）碾脚，重心左移、穿右掌翻掌心向上。（图 6–279）

图 6–278

图 6–279

要领提示：右掌翻转前穿（经胸前向左肘下方穿出）要与上体右转、重心左移、扣左脚协调一致，两掌心皆向上。左胯里缩、敛臀。头随体转；眼平视前方。

（3）右转，摆臂翻掌。（图 6–280）

要领提示：两掌翻转划弧、右掌右摆、左掌回收要与上体右转、双碾脚协调一致；随转体两臂内旋，右掌向下，举于身体右侧；左掌收于右臂前，掌心斜向右；眼看右掌。

（4）上体左转，提膝摆拍脚。（图 6–281）

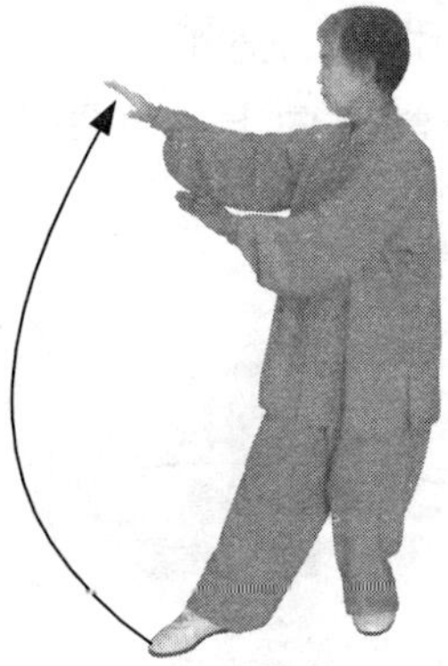

图 6–280

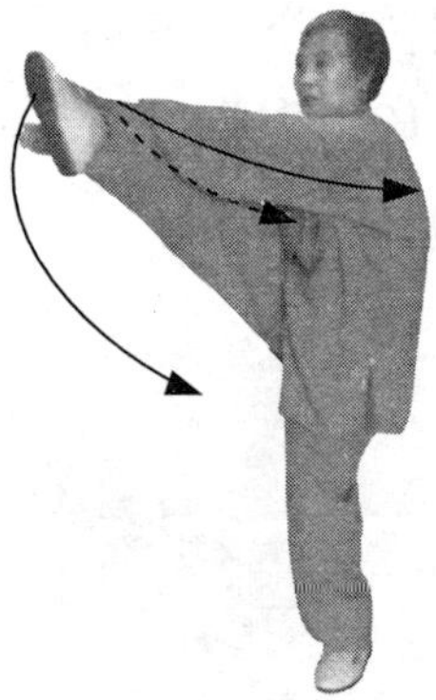

图 6–281

要领提示：提膝摆拍脚要与上体左转同步。做摆莲脚时，腰微左转，右腿自右向左、向上再向右扇形外摆，脚面绷平，同时两掌自右向左，要左先右后依次连拍右脚面两响，摆脚与两掌平摆拍打方向相反。拍脚时，左腿站立要稳，上体微向前倾，但不可猫腰、凸臀，身体要中正；眼看两掌。

45. 弯弓射虎

(1)）提膝摆掌。（图 6–282）

要领提示：右小腿屈收、两掌左摆要与上体左转、左腿独立协调一致。左腿站立要稳，右脚提于身体右侧，脚尖自然下垂，立身中正。随转体两掌左摆，左掌摆至身体左侧，右掌摆至左肩前，掌心均向左斜下方，高与肩平；眼随手动，看左掌。

(2) 落步，两掌下落。（图 6–283)

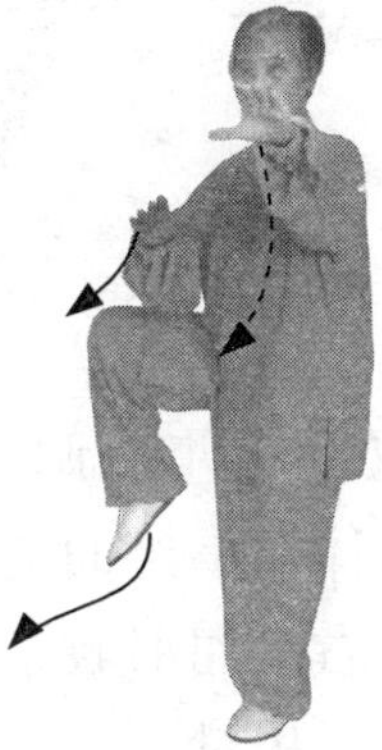

图 6–282

图 6–283

要领提示：右脚与两掌下落要与腰微左转、左腿屈膝同步，沉胯、敛臀，上体中正。

(3) 右转体，两掌划弧握拳。（图 6–284)

要领提示：两掌划弧握拳要与上体右转、重心前移成右弓步协调一致。两掌的运行路线是：以腰带臂，两掌同时向下、向右划至身体右侧握拳。到位时，沉肩、松腰松胯、敛臀；眼随手动。

（4）左转，弓步架打捶。（图 6–285）

图 6–284

图 6–285

要领提示：架打捶要与上体左转、弓步协调一致。弓步与右脚尖的方向是右前方；随转体左拳经面前向左前方打出，拳心斜向前，高与鼻平；右拳屈肘收于右额前，拳心向外，拳眼斜向下，两拳眼斜相对。

定势时，要松腰松胯、上体中正，腰向下松沉并微左转，带动两臂动作，但不要向左扭胯和右膝内扣，忌敞裆；目视左拳前方。

46. 右搬拦捶

（1）后坐翘脚，拳变掌。（图 6–286）

要领提示：两拳变掌要与重心后移、右脚尖上翘同步。

(2) 扣脚、左转、穿抹掌。(图 6–287)

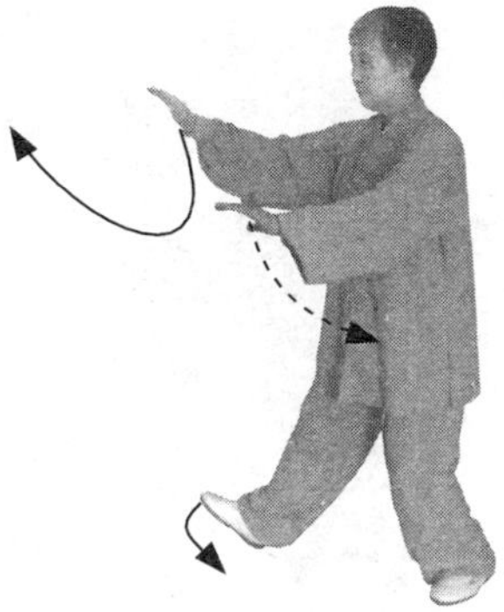

图 6–286

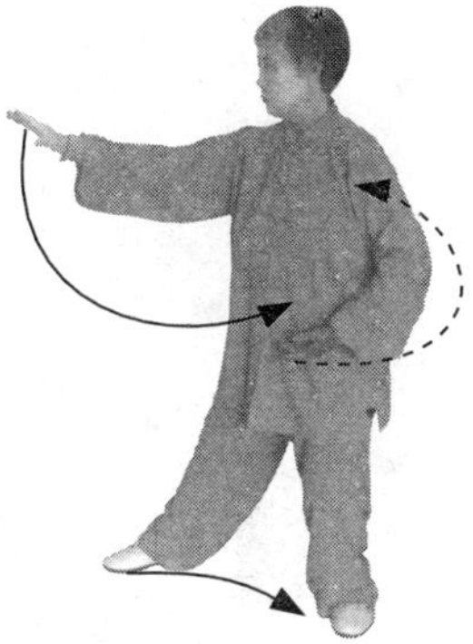

图 6–287

要领提示：右掌穿抹、左掌翻转要与上体左转、扣右脚同时进行，同时到位。随转体左前臂外旋，掌心翻转向上，经体前下落收至左腰间；右掌从左前臂上穿出，向右前方抹掌，掌心向前下，右掌穿抹要走弧形，两掌在体前各划半个立圆；眼先看右掌，再随转体向前平视。

(3) 收脚划弧、右握拳。(图 6–288)

要领提示：两掌划弧、左掌屈收、右掌握拳要与收左脚协调一致。两掌的行走路线是：随收脚左掌在体侧划弧屈收至胸前，掌心向下；右掌变拳向下、向左收至左腹前，拳心向下，两掌在体前各划半个立圆；到位时，松腰、沉胯、敛臀，上体中正；眼看前方。

（4）上步、摆脚、前搬拳。（图 6–289）

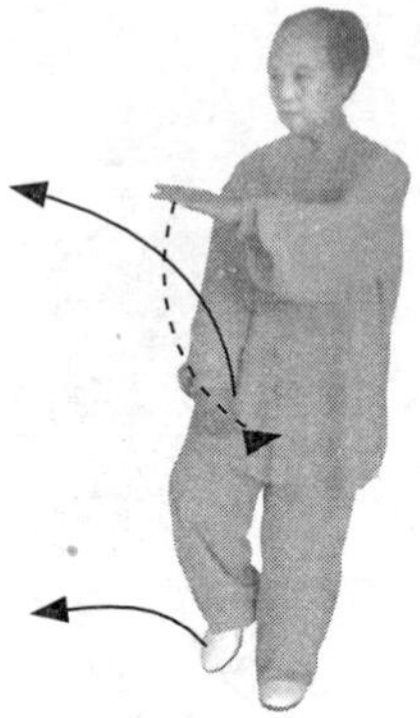

图 6–288

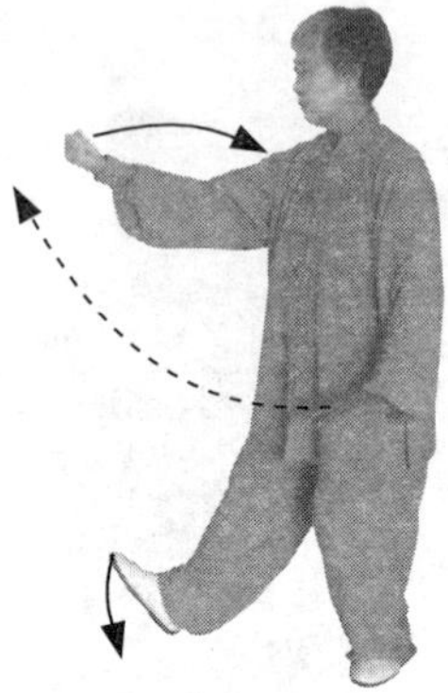

图 6–289

（5）重心前移，右转翻拳划弧。（图 6–290、图 6–290 附图）

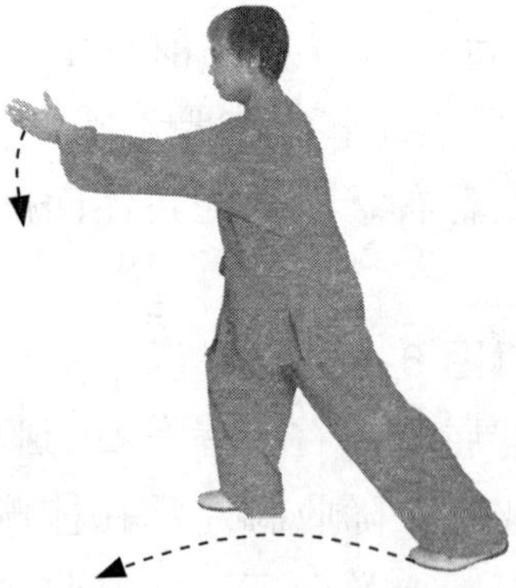

图 6–290

图 6–290 附图

（6）上步拦掌。（图 6–291、图 6–291 附图）

（7）左弓步打拳。（图 6–292）

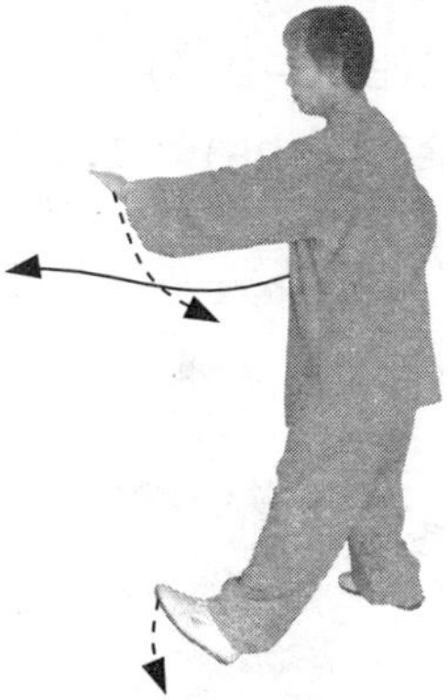

图 6–291

图 6–291 附图

图 6–292

（4）~（7）动与第 6 势左搬拦捶（3）~（6）动的要领提示相同，唯动作左右方向相反。

47. 右掤捋挤按

(1) 后坐撇脚，拳变掌。(图 6-293)
(2) 重心前移，收脚左抱球。(图 6-294)
(3) 微右转出步、斜抱球。(图 6-295)
(4) 右弓步前掤。(图 6-296)

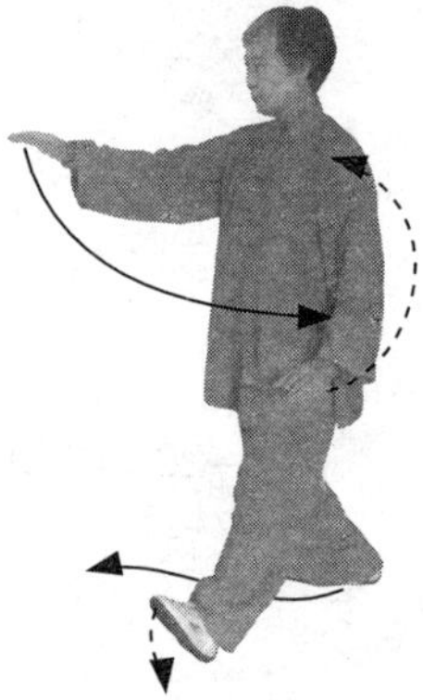

图 6-293

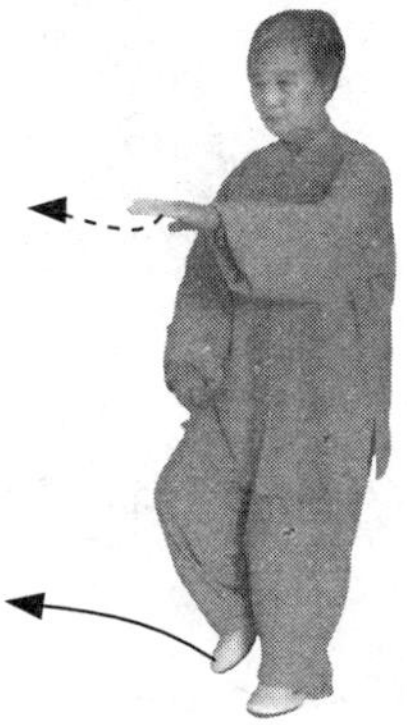

图 6-294

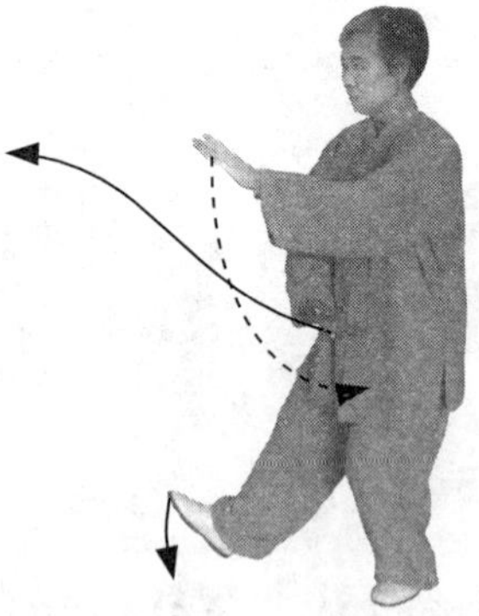

图 6-295

图 6-296

（5）微右转，翻掌前伸。（图 6–297）

（6）后坐、左转、后捋。（图 6–298）

（7）右转搭手。（图 6–299）

（8）右弓步前挤。（图 6–300）

图 6–297

图 6–298

图 6–299

图 6–300

(9) 穿左掌、翻掌心向下。(图 6-301)
(10) 分手、后坐，翘脚、回引。(图 6-302)
(11) 两掌下沉至腹前。(图 6-303)
(12) 右弓步前推按。(图 6-304)

图 6-301

图 6-302

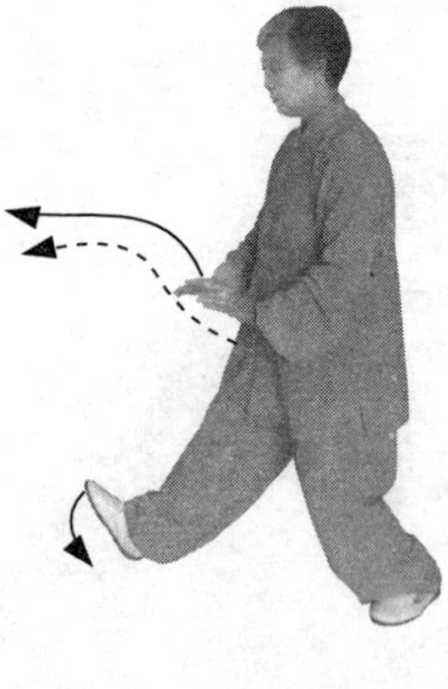

图 6-303

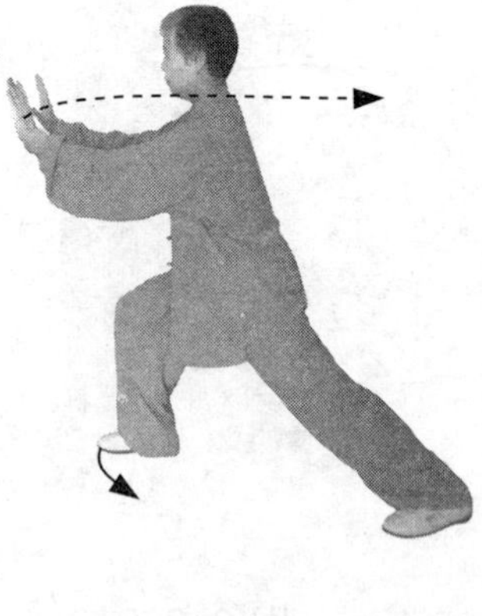

图 6-304

本势（1）~（12）动与第 7 势左掤捋挤按要领提示相同，唯动作左右方向相反。

48. 十字手

（1）后坐、扣右脚、左转、摆臂。（图 6–305）

要领提示：左掌左摆、右掌侧撑要与上体左转、重心左移、扣右脚协调一致；随转体左掌经面前向左平摆；右掌同时向右侧撑开，左掌心向前；定势时，松腰坐胯、左胯里缩、敛臀，上体中正；右脚尖朝前（起势方向），重心在左腿；眼看左掌。

（2）撇脚，侧弓步分掌。（图 6–306）

图 6–305

图 6–306

要领提示：两掌向左右平举要与上体左转、重心左移、撇左脚成左侧弓步协调一致，同时到位；随转体左掌继续向左平摆，与右掌对称平举在身体两侧，左掌心斜向前，肘微屈；眼看左掌。定势时，身体不可前倾，要松腰、沉胯、敛臀，上体中正。

（3）重心右移，两掌下沉，扣左脚。（图 6–307）

要领提示：两掌下沉要与上体右转、重心右移、扣左脚成右侧弓步协调一致。随重心右移，两掌向下、向内划弧，掌心均向下；目视前下方。到位时，上体正直，敛臀。

（4）收脚合抱。（图 6–308）

图 6–307

图 6–308

要领提示：两掌合抱要与左脚内收成开立步协调一致；随收脚两掌继续内划，两腕经腹前交叉相叠成十字，随两腿慢慢直立，举至胸前，高与肩平；左掌在外，两掌心均向内，两臂撑圆，松肩垂肘，胸部宽舒，立身中正，重心在两腿之间，身体不可前俯，忌低头、弯腰、凸臀；目视前方。

收势

（1）翻掌，两掌平分。（图 6–309）

要领提示：两前臂内旋，两掌边翻转边平行分开，与肩同高、同宽，速度应均匀，两臂直中有屈，松肩垂肘，立身中正。

（2）垂臂，两手下落。（图 6–310）

图 6–309

图 6–310

要领提示：两手下落时要松肩垂臂，以臂带手缓缓下落于两腿外侧，掌心向内，两臂不可僵直；目视前方。

（3）并步还原。（图 6–311）

图 6–311

要领提示：左脚收至右脚旁，两脚并拢，脚尖向前，身体自然直立，呼吸平稳、均匀；目视前方。

整个收势过程应全身放松，但不可松懈。要气沉丹田，呼吸顺畅，做到体静气和，心旷神怡，精神饱满，舒适自然。

收势后，不要马上走动，待呼吸完全平稳后再离开原地。

七、杨式四十式太极拳简介

这套拳是中国武术研究院于 20 世纪 80 年代末组织太极拳专家在传统杨式太极拳基础上精选而成，属于《四式太极拳竞赛套路》之一。

它结构严谨，编排合理，动作规范，浑厚庄重，速度均匀，柔和缓慢，轻灵沉着，舒展大方。全套打下来共需 5~6 分钟，很适合在同等条件下进行比赛。

八、杨式四十式太极拳拳术名称

预备势

第一段

1. 起势　2. 揽雀尾
3. 单鞭　4. 提手上势
5. 白鹤亮翅　6. 搂膝拗步
7. 手挥琵琶　8. 搬拦捶
9. 如封似闭

第二段

10. 斜飞势　11. 肘底捶
12. 倒卷肱　13. 左右穿梭
14. 左右野马分鬃

第三段

15. 云手　16. 单鞭
17. 高探马　18. 右蹬脚
19. 双峰贯耳　20. 左分脚
21. 转身右蹬脚　22. 海底针
23. 闪通背

第四段

24. 白蛇吐信
25. 右拍脚
26. 左右伏虎势
27. 右下势
28. 金鸡独立
29. 指裆捶
30. 揽雀尾
31. 单鞭
32. 左下势
33. 上步七星
34. 退步跨虎
35. 转身摆莲
36. 弯弓射虎
37. 搬拦捶
38. 如封似闭
39. 十字手
40. 收势

九、杨式四十式太极拳教学口令词

预备势

两脚并拢，松静站立。

第一段（1～9式）

1. 起势

（1）重心右移，左脚向左横开半步，与肩同宽。
（2）两掌心向下，两臂缓缓向前平举，与肩同高。
（3）两掌下按至大腿外侧。

2. 揽雀尾

（1）微右转，撇右脚。
（2）重心右移，收左脚抱球。
（3）出左步，右手微前伸。
（4）左弓步掤。
（5）扣左脚，收右脚抱球。
（6）微右转，出步斜抱球。
（7）右弓步前掤。
（8）微右转，翻掌前伸。

(9) 后坐、微左转、回捋。

(10) 微右转搭手。

(11) 右弓步前挤。

(12) 穿左掌、两掌心翻向下。

(13) 分掌、后坐、回引。

(14) 两掌下沉。

(15) 右弓步前推按。

3. 单鞭

(1) 后坐扣脚，左转、两掌向左平抹。

(2) 重心右移，两掌向右平抹。

(3) 收左脚，右掌变勾。

(4) 左转出步，左手平捋。

(5) 左弓步推掌。

4. 提手上势

(1) 后坐、扣脚、右转、松勾。

(2) 重心左移，右脚前移、虚步合手。

5. 白鹤亮翅

(1) 左转、扣脚、回捋。

(2) 撤步中抱球。

(3) 后坐、右转、摆臂。

(4) 左转，虚步、撑按掌。

6. 搂膝拗步

（1）微左转，前摆臂。
（2）右转，两手交叉划弧。
（3）收左脚、侧举臂。
（4）出步、屈右肘。
（5）左弓步搂推掌。
（6）左转，撇脚翻左掌。
（7）收右脚、侧举臂。
（8）出步、屈左肘。
（9）右弓步搂推掌。
（10）右转，撇脚、翻右掌。
（11）收左脚、侧举臂。
（12）出步、屈右肘。
（13）左弓步搂推掌。

7. 手挥琵琶

（1）跟半步前伸掌。
（2）后坐、右转、摆臂、回带。
（3）上体左转，虚步合掌。

8. 搬拦捶

（1）撇脚，微左转。
（2）重心前移、收右脚，右手握拳。

（3）右转上步，摆脚、前搬拳。
（4）上步收拳，前拦掌。
（5）左弓步打捶。

9. 如封似闭

（1）左手前穿。
（2）松拳、翻掌心向下。
（3）分手、后坐、回引。
（4）两掌下沉。
（5）左弓步前推按。

第二段（10～14式）

10. 斜飞势

（1）后坐扣脚，右转、两手分开。
（2）重心左移，收右脚抱球。
（3）微右转出步、斜抱球。
（4）弓步分手。

11. 肘底捶

（1）后坐扣脚，左转、撑摆掌。
（2）重心右移，收左脚抱球。
（3）微左转，出步分掌。
（4）撇脚，左转划弧。

（5）跟步摆掌。

（6）后坐穿掌，虚步劈掌。

12. 倒卷肱

（1）右拳变掌、撤手，右手划弧侧后举。

（2）翻掌微左转。

（3）屈右肘，提左脚。

（4）退步前推掌。

（5）左转，左手划弧侧后举。

（6）翻掌微右转。

（7）屈左肘，提右脚。

（8）退步前推掌。

13. 左右穿梭

（1）右转、扣脚、穿右掌。

（2）重心左移，碾脚，活步中抱球。

（3）出步，两手划弧交错。

（4）左转，弓步架推掌。

（5）右手划弧、收右脚、左抱球。

（6）微右转出步，两手划弧交错。

（7）右转，弓步架推掌。

14. 左右野马分鬃

（1）左手划弧，收左脚抱球。

(2) 斜出步，斜抱球。

(3) 左弓步分靠。

(4) 收脚左抱球。

(5) 出步斜抱球。

(6) 右弓步分靠。

第三段（15～23式）

15. 云手

(1) 左脚跟内收，左转扣脚，两手划弧。

(2) 并右脚翻掌。

(3) 右转腰，两手划弧云手。

(4) 横开步翻掌。

(5) 左转腰，两手划弧云手。

(6) 并右脚翻掌。

(7) 右转腰，两手划弧云手。

(8) 横开步翻掌。

(9) 左转腰，两手划弧云手。

(10) 并右脚翻掌。

16. 单鞭

(1) 右转腰，两手划弧运转。

(2) 收脚，右掌变勾。

(3) 微左转出步，左手平捋。

（4）弓步前推掌。

17. 高探马

（1）跟半步前伸掌。
（2）后坐右转，勾变掌。
（3）微左转，翻掌平举。
（4）左转，虚步横推掌。

18. 右蹬脚

（1）微左转再右转，两手划弧。
（2）出左步，穿右掌。
（3）弓步，两手划立圆。
（4）收脚合抱。
（5）提膝、蹬脚分手。

19. 双峰贯耳

（1）收腿、并手。
（2）落脚、落手，掌变拳。
（3）右弓步双贯拳。

20. 左分脚

（1）后坐拳变掌。
（2）撇脚、右转、分两掌。
（3）重心前移，收脚合抱。

(4) 提膝，分脚分手。

21. 转身右蹬脚

(1) 碾右脚，右后转体，扣左脚。
(2) 双碾脚，右转合抱。
(3) 提膝，蹬脚分手。

22. 海底针

(1) 撤步，后坐，两手划弧。
(2) 右转，两手划弧、提右手。
(3) 左转，虚步搂按、斜插掌。

23. 闪通背

(1) 上体微右转，收脚上提手。
(2) 出左脚翻右掌。
(3) 弓步撑推掌。

第四段（24～40式）

24. 白蛇吐信

(1) 后坐扣脚，右转、两手划弧。
(2) 重心左移，收脚、右手握拳。
(3) 右转，斜出步撇掌。
(4) 右弓步推掌。

25. 右拍脚

（1）上步摆脚、穿右掌。
（2）歇步划立圆。
（3）收脚合抱。
（4）提膝，拍脚分手。

26. 左右伏虎势

（1）落脚、撤步、摆掌。
（2）碾脚、蹬脚，左转，摆掌握拳。
（3）左弓步贯拳。
（4）重心微右移拳变掌。
（5）重心左移、收右脚、两掌微前送。
（6）右转出步，摆掌握拳。
（7）右弓步贯拳。

27. 右下势

（1）后坐撇脚，左转，摆臂勾手。
（2）屈膝下蹲成仆步，右转、前穿掌。

28. 金鸡独立

（1）撇右脚、扣左脚、弓步挑掌后勾手。
（2）提左膝，独立上挑掌。
（3）落脚落手。

（4）提右膝，独立上挑掌。

29. 指裆捶

（1）落步摆脚，右转，上步握拳。
（2）左弓步打捶。

30. 揽雀尾

（1）撇脚、左转，收脚抱球。
（2）出步斜抱球。
（3）右弓步前掤。
（4）微右转，翻掌前伸。
（5）后坐回捋。
（6）右转搭手。
（7）弓步前挤。
（8）穿左掌、翻掌心向下。
（9）分手、后坐、回引。
（10）两掌下沉。
（11）弓步前推按。

31. 单鞭

（1）后坐扣脚，左转，两掌向左平抹。
（2）重心右移，向右平抹。
（3）收左脚，右手变勾。
（4）左转出步，左手平捋。
（5）弓步前推掌。

32. 左下势

（1）右转撇脚，蹬左脚、摆掌。
（2）屈蹲、左转，仆步前穿掌。

33. 上步七星

（1）摆左脚、扣右脚、弓步挑掌后勾手。
（2）上右脚，虚步十字拳。

34. 退步跨虎

（1）撤步拳变掌。
（2）后坐右转，两掌划弧。
（3）左转，虚步撑按掌。

35. 转身摆莲

（1）右转、碾脚、摆臂。
（2）重心左移，摆脚、两手划弧。
（3）右后转体，扣左脚穿右掌。
（4）碾脚，右转摆臂。
（5）微左转，提膝摆拍脚。

36. 弯弓射虎

（1）提膝摆掌。
（2）落脚右转，摆掌握拳。
（3）右弓步架冲拳。

37. 搬拦捶

(1) 撤脚、重心左移，收脚收拳。
(2) 右转上步，摆脚搬拳。
(3) 上步、收拳、拦掌。
(4) 左弓步打拳。

38. 如封似闭

(1) 穿左掌、松拳、翻掌心向下。
(2) 分掌、后坐、回引。
(3) 两掌下沉。
(4) 左弓步推按。

39. 十字手

(1) 后坐扣左脚，右转摆掌。
(2) 撤右脚，弓步分掌。
(3) 重心左移，两掌下沉。
(4) 收右脚合抱。

40. 收势

(1) 翻掌，两掌平分。
(2) 垂臂，两手下落。
(3) 并步还原。

十、杨式四十式太极拳口令词图解及要领一点通

预备势

两脚并拢，松静站立。（图 10–1）

图 10–1

要领提示：两脚并拢，身体自然直立，立身中正，头颈正直，下颌微收，舌抵上颚，沉肩垂臂，含胸拔背，两掌轻贴于大腿外侧，手指微屈，中指贴于裤腿中缝处，身体中定安舒，松腰敛臀，忌挺胸或收腹，呼吸自然；眼平视前方。

第一段（1～9 式）

1. 起势

（1）重心右移，左脚向左横开半步，与肩同宽。（图 10–2）

要领提示：左脚向左横开半步时，重心应先右移，再提起左脚向左横开半步，左脚应轻起轻落、点起点落，脚大趾先着地，然后脚二、三、四、五趾依次着地，重心平稳左移，全脚踏实，两脚之间的距离与肩同宽，重心在两腿之间，两臂松垂，两腋含空，两手不可随开步左右晃动，要松腰松胯，立身中正，忌八字脚；眼平视前方。

（2）两掌心向下，两臂缓缓向前平举，与肩同高。（图 10–3）

图 10–2

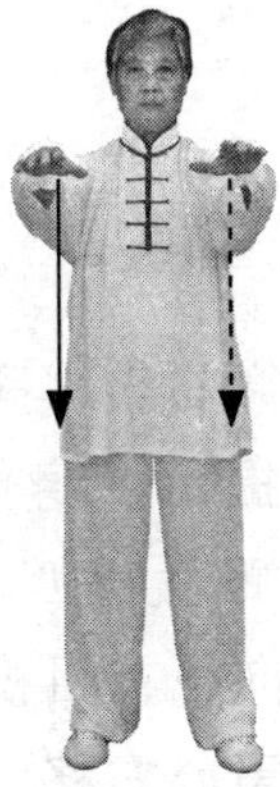

图 10–3

要领提示：两掌前平举时，两前臂内旋，两掌心翻转向后，以肩为轴用意念使两臂两掌缓缓向体前平举，与肩同高、同宽，掌心向下，内含掤劲，劲贯手背，两肩松沉，两臂直中有屈，肘尖下垂，腕关节与前臂持平，不要提腕或折腕，忌耸肩、抬肘，身体保持中正；眼平视前方。

（3）两掌下按至大腿外侧。（图 10–4）

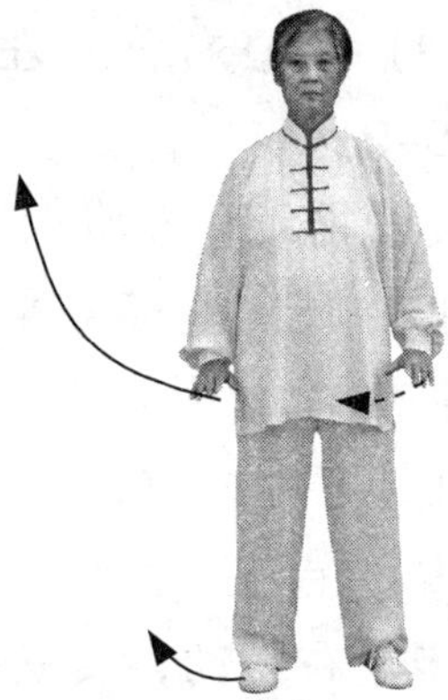

图 10–4

要领提示：两掌下按时，以两肘下沉带动两掌缓慢下按至大腿外侧，掌指向前，掌心向下，要沉肩坠肘，坐腕，但不屈膝。两掌下按为呼气，上体仍保持中正，忌凸臀；目视前方。

2. 揽雀尾

（1）微右转，撇右脚。（图 10–5）

要领提示：身体微右转、右脚尖外撇、重心微右移、左脚跟微提四者要同步，同时右掌屈肘举于右胸前，掌心向下；目视右前方。

（2）重心右移，收左脚抱球。（图 10–6）

要领提示：收脚抱球要与重心右移协调配合。随重

图 10-5

图 10-6

心右移（重心不可上下起伏），左掌向右划弧至腹前，两掌成抱球状，两掌心上下相对；同时右腿屈膝，重心向右平移，左脚收至右脚内侧，脚尖不点地，松腰坐胯，敛臀，立身中正；眼看右掌。

（3）出左步，右手微前伸。（图 10-7）

要领提示：右掌微前伸、两臂微合要与上体微左转、左脚向左前上步、脚跟着地协调一致；左脚应向正前出步（起势方向）；眼看右掌。

（4）左弓步掤。（图 10-8）

要领提示：左掌左臂前掤、右掌下按要与身体微右转、左脚踏实、重心前移成左侧弓步协调一致。前掤是侧掤，方向是左前方，左臂平屈呈弓形，劲力在左前臂外侧和掌背，掌心向里，左前臂和左掌高与肩平；右掌弧形按于右胯旁，掌心向下；眼看右前方。

图 10-7

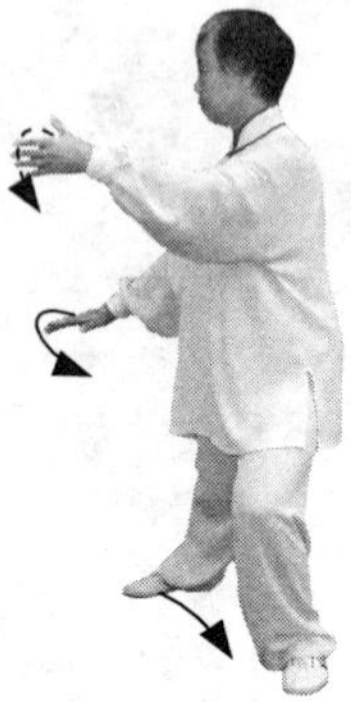
图 10-8

（5）扣左脚，收右脚抱球。（图 10-9）

要领提示：左前臂内旋（掌心向下）、右前臂外旋（掌心向上）左划、两掌呈抱球状要与左脚内扣、重心左移、收右脚协调一致；两掌心上下相对，两臂呈半圆形；目视左掌。

（6）微右转，出步斜抱球。（图 10-10）

图 10-9

图 10-10

要领提示：两臂微合（斜抱球）要与上体微右转、右脚上步、脚跟着地协调一致；右脚上步时，腰要松，坐左胯，右脚跟着地要轻，方向是右前方，上体保持中正，敛臀。

（7）右弓步前掤。（图 10–11）

要领提示：右掌、右前臂前掤（高与肩平）、左掌下落要与上体右转、重心前移成右弓步同步;随转体弓步右前臂和右掌背向前掤出；力在右前臂外侧和右掌背。右臂呈半圆形，掌心向内；左掌微落置于右前臂内侧下方，掌心向外，忌搭腕，左腋要空；目视前方。

左、右臂向外掤时，以腰为轴，带动两臂摆动，两肩松沉，两臂均呈半圆形，以“柔中寓刚”的劲力徐徐向外掤出；迈步要轻灵，落脚要平稳；松腰、沉胯、掤臂与弓腿上下要协调一致。

（8）微右转，翻掌前伸。（图 10–12）

图 10–11

图 10–12

要领提示：两掌前伸要边转腰边翻掌边前伸，两掌心斜相对，两肩松沉，两肘下垂，上体中正；两掌前伸不要做成撩掌。随转腰两掌的运行路线是：右前臂内旋，右臂微伸，掌心翻转向下，掌指向前；左掌外旋转腕，掌心向上，掌指向前，置于右前臂下，两掌心斜相对；眼看前方。

（9）后坐、微左转、回捋。（图 10–13）

要领提示：两掌回捋要与上体微左转、重心后移（上体后坐）协调一致；随转体两掌向下、向左走弧线捋至腹前，两臂弯曲，两肩下沉，两肘下垂，左掌轻轻掤劲，右掌轻轻按劲；同时左腿屈膝，重心后移、松腰、坐胯、敛臀，忌凸臀，上体要中正；眼看右掌前方。

（10）微右转搭手。（图 10–14）

图 10–13

图 10–14

要领提示：搭手与转体同步；随上体微右转右掌屈臂举于胸前，掌心向内；左掌附于右前臂内侧，掌心向外；眼看两掌前方。

（11）右弓步前挤。（图 10–15）

要领提示：前挤要与重心前移成右弓步协调一致。随弓步以右前臂外侧为力点向前挤出，左掌附于右前臂内侧，两臂要撑圆，高与胸平。到位时，沉肩、松腰、沉胯，右膝不要超过脚尖，上体保持中正；目视前方。

（12）穿左掌、两掌心翻向下。（图 10–16）

图 10–15

图 10–16

要领提示：左掌应从右手背上向前穿出，右掌随即翻转向前伸出，两掌心皆向下；步型不变；眼看两掌前方。

（13）分掌、后坐、回引。（图 10–17）

要领提示：回引要与重心后移（上体后坐）协调一致，右脚尖不翘起，重心平稳后移，不得升高；回引时，随重心后移两掌向左右分开与肩同宽，以肘带手，屈肘回引，两掌收于胸前，掌心斜向前下方，掌指斜向前上方；眼看两掌前方；到位时,后腿屈膝，松腰、坐胯、敛臀，上体保持中正，不可前俯或后仰；眼看前方。

（14）两掌下沉。（图 10–18）

图 10–17

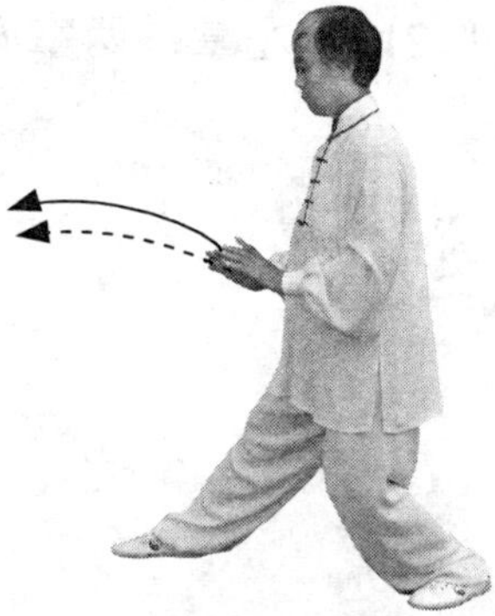

图 10–18

要领提示：重心微沉，松腰、沉胯，两掌经胸前向下按至腹前，掌心斜向下，缩胯、敛臀，上体保持中正；眼随手动。

（15）右弓步前推按。（图 10–19）

要领提示：向前推按时，两掌应随着松腰、沉

图 10–19

胯、弓步由下向上、向前推出，推按要走弧线，不可直推，两掌与肩同宽、同高，力点在两掌，到位时，沉肩垂肘、坐腕、舒指、松腰、沉胯，竖脊、展背，上体不可前探。

掤、挤、按要与弓腿协调配合；回捋和回引要与屈膝后坐同时进行。掤、捋、挤、按均要以腰为轴，带动四肢动作。两臂运行要圆活自然，连绵不断，节节贯穿，不要有断续处。两腿的前弓、后坐重心要平移、稳健，迈步如猫行，轻灵平稳。

3. 单鞭

(1) 后坐扣脚，左转、两掌向左平抹。（图 10–20）

图 10–20

要领提示：两掌向左平抹要与上体左转、重心后移（上体后坐）、右脚内扣协调一致；随转体后坐两掌由前向左平抹至身体左侧，两掌要走外弧线，掌心向下，掌指向左，高与肩平；目视左前方。

（2）重心右移，两掌向右平抹。（图 10-21）

要领提示：两掌向右平抹要与上体右转、重心右移协调一致；随转体两掌由左向右平抹至身体右侧，两掌要走内弧线，掌心向下，掌指向右；目视右侧前方。

（3）收左脚，右掌变勾。（图 10-22）

图 10-21

图 10-22

要领提示：右掌变勾与收左脚同步。左脚收至右脚内侧，随收脚右掌变勾手，勾尖向下，右掌要提腕坐勾，不要缠绕腕花；左掌置于右前臂内侧，掌心斜向上；眼看右侧前方。

（4）左转出步，左手平捋。（图 10-23）

要领提示：左手平捋要与上体左转、左脚前迈、脚跟着地协调一致。随转体出步左掌由右臂处经面前弧线向左平捋，掌心斜向内；右勾手位置不变；眼随手动；到位时，重心仍在右腿，忌抢步。

（5）左弓步推掌。（图 10–24）

图 10–23

图 10–24

要领提示：弓步与推掌同时完成。左掌翻转时不要太快或突然翻掌，要随转体、重心前移边移动边翻转边前推，到位时，沉肩、沉腕、展掌、舒指；力在掌根，掌指向上，掌心斜向前，左臂与左腿上下相对，臂微屈；右勾手同时微后撑；到位时，松腰沉胯，同时蹬右脚成 45°。忌两脚在同一条直线上；目视左前方。

要点：整个动作要以腰为轴，带动两掌左右弧形平抹；左腿屈膝提起，身体不得左右摇摆；落地时要轻灵稳健；左掌向外翻转前推时，要随转体、落步、弓腿三者同时完成，整个动作要上下协调一致。

4. 提手上势

（1）后坐、扣脚、右转、松勾。（图 10–25）

要领提示： 重心后移（后坐）、左脚内扣、身体右转、松右勾四者要同步；重心移动时，上体要平稳，右胯里缩，坐胯敛臀。左掌随重心移动而微向右摆；眼随体转。

（2）重心左移，右脚前移、虚步合手。（图 10–26）

图 10–25

图 10–26

要领提示： 两掌前合要与重心左移，右脚前移（起势方向）、脚跟着地成右虚步协调一致。随腰微左转、再右转两掌由两侧合举于胸前；虚步合手是正方向（即起势方向）两肩要松沉，两臂要微屈，肘尖下垂，右掌高与鼻平，掌指斜向上，掌心向左；左掌高与胸平，掌心向右，掌指斜向前上；左掌与右肘相对，松腰坐胯，上体保持中正，忌凸臀；目视前方。

5. 白鹤亮翅

(1) 左转、扣脚、回捋。(图 10-27)

要领提示：两掌回捋要与上体左转、右脚内扣同步。随转体扣脚，两掌向下、向左划弧，回捋至左腹前，两掌心斜相对；到位时，上体要中正，左胯里缩，敛臀；目视两掌。

(2) 撤步中抱球。(图 10-28)

图 10-27

图 10-28

要领提示：中抱球要与身微左转、右脚后撤，脚前掌着地协调一致；抱球时，两掌同时翻转，掌心上下相对；右脚后撤时，脚前掌要轻轻着地，上体保持中正，忌猫腰凸臀。

（3）后坐、右转、摆臂。（图 10-29）

要领提示：两臂右摆要与上体右转、重心后移协调一致；随转体两臂右摆，两臂要微微内合，同时右胯里缩，松腰坐胯、敛臀，上体保持中正。

扣脚与回捋、撤步与中抱、后坐与摆臂（划弧）都要以腰为轴，用腰的左右转动来带动两臂动作，上下要协调配合。

（4）左转、虚步、撑按掌。（图 10-30）

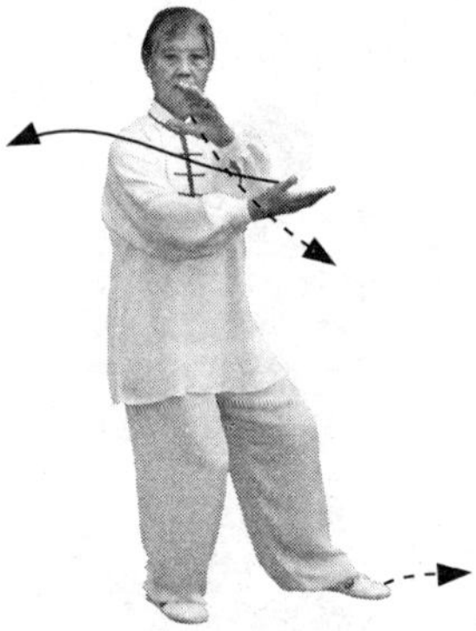

图 10-29

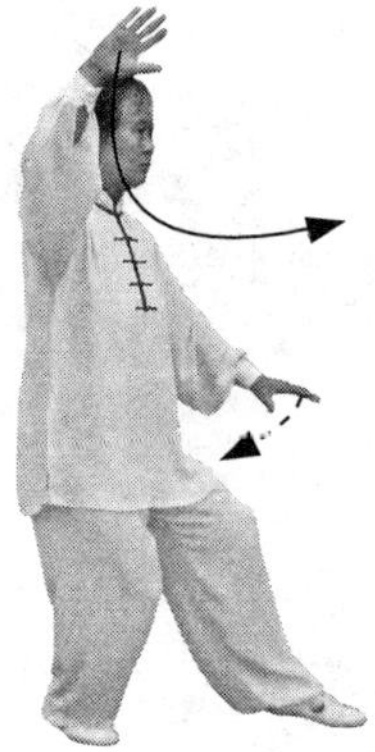

图 10-30

要领提示：右掌向上外撑、左掌下按要与上体左转，左脚微前移、脚尖点地协调一致；两掌的运行路线是：右掌向右、向上划弧撑于头右侧上方，掌心向外；左掌按于左胯旁，掌心向下，掌指向前；定势时，两臂保持半弧形，上体保持中正，松腰坐胯、敛臀，忌挺胸或凸臀；目视前方。

6. 搂膝拗步

（1）微左转，前摆臂。（图 10–31）

要领提示：右掌前摆要与上体微左转同步，步型不变。随转体右掌由上向前摆至体前，掌心斜向上；眼看右掌。

（2）右转，两手交叉划弧。（图 10–32）

图 10–31

图 10–32

要领提示：两手交叉划弧要与上体右转协调一致；右掌由体前下划至身体右侧，掌心向上；左掌由下上划至体前，掌心向右；目视左掌前方。

（3）收左脚、侧举臂。（图 10–33）

要领提示：两掌划弧，右掌侧举，左掌下落要与上体微右转、收左脚协调一致，左脚尖不点地；随转体右掌划弧至右侧后上方，掌心斜向上；左掌划弧收至右胸前，掌心斜向后；眼看右掌。

（4）出步、屈右肘。（图 10-34）

图 10-33

图 10-34

要领提示：右臂屈肘，右掌圈耳（掌心斜向前）、左掌下按体前（掌心向下）要与上体微左转、左脚向前上步、脚跟着地协调一致；左脚跟要轻轻落地，不要抢步，重心仍在右腿，松腰坐胯、敛臀；上体中正。

（5）左弓步搂推掌。（图 10-35）

要领提示：右掌前推、左掌搂按要与上体左转、重心前移成左弓步上下协调一致；随转体弓步左掌向左弧形搂至左膝外侧，展掌舒指，掌心向下，指尖向前；右掌由耳侧向前推出，到位时，沉肩垂肘，右掌坐腕舒指，掌心向前，指尖向上，两臂微屈；眼看右掌前方。定势时，两脚之间的横向距离约 30 厘米。

（6）左转，撇脚翻左掌。（图 10–36）

图 10–35

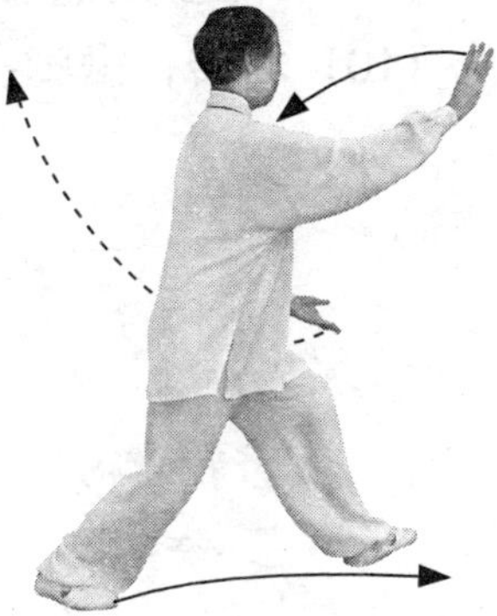

图 10–36

要领提示：左掌翻转（掌心向上）右腕微松要与上体微左转、左脚尖外撇同步，重心不变；眼随体转。

（7）收右脚、侧举臂。（图 10–37、图 10–37 附图）

图 10–37

图 10–37 附图

(8) 出步、屈左肘。(图 10-38)

(9) 右弓步搂推掌。(图 10-39)

(10) 右转，撇脚、翻右掌。(图 10-40)

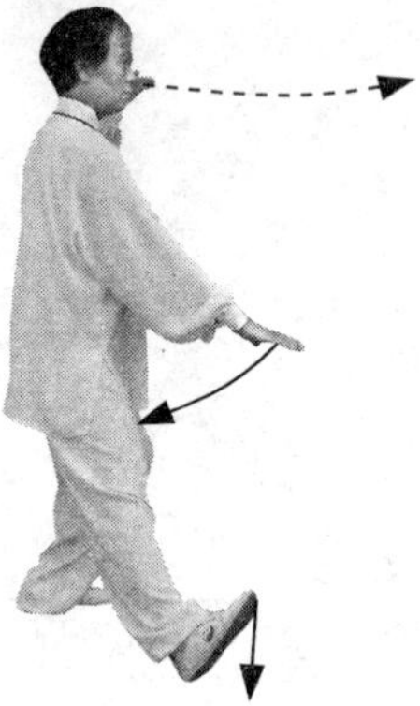

图 10-38

图 10-39

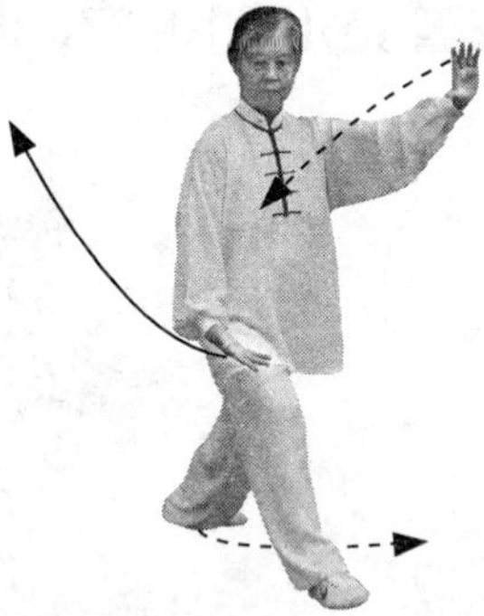

图 10-40

(7) ~ (10) 动与 (3) ~ (6) 动的要领提示相同，唯动作左右方向相反。

（11）收左脚、侧举臂。（图 10–41）

（12）出步、屈右肘。（图 10–42）

（13）左弓步搂推掌。（图 10–43）

图 10–41

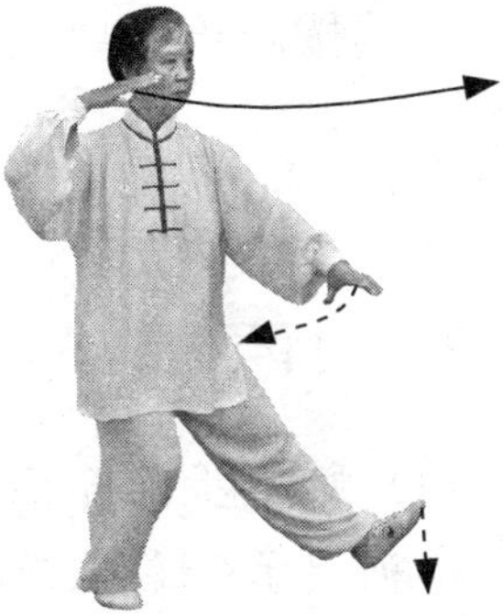

图 10–42

图 10–43

（11）~（13）动与（3）~（5）动的要领提示相同。左、右搂膝拗步动作转换时，重心没有大的变动，不后坐、不翘脚，只是原地撇脚，这是杨式的一大特点。

此势是拗步推掌。右掌前推时，右手要与右脚跟在一条直线上，不可斜推。与“拗步手与足合”的拳论相符合。弓步时，膝盖不要超过脚尖，身体勿前倾，注意弓步、搂按与推掌要同时到位，不可先弓腿后推掌或者先推掌后弓腿。定势时，两肩松沉、臂微屈，坐腕、展掌、舒指；做到松腰松胯，上体中正。

7. 手挥琵琶

（1）跟半步前伸掌。（图 10–44）

要领提示：右掌松腕前伸是在重心前移、右脚跟进半步的带动下完成的。右掌前伸时，重心平稳前移，右脚跟进半步前脚掌着地离左脚约一脚长为宜；定势时，松腰落胯，上体中正。

（2）后坐、右转、摆臂、回带。（图 10–45）

图 10–44

图 10–45

要领提示：左手前摆上挑和右臂回带要与上体右转、重心后移（上体后坐）协调一致，左掌不要直向上挑，随转腰向上、向前走弧形；右掌向右划弧，掌心斜向下；到位时，松腰坐胯、敛臀，左脚跟微提；目视前方。

（3）上体左转，虚步合掌。（图 10–46）

图 10–46

要领提示：两臂两掌相合要与上体左转、左脚稍前移脚跟着地成左虚步协调一致，配合呼气，两前臂微外旋，左掌微上挑，两臂相合并略带前送，左掌成侧立掌，与鼻尖相对，掌心向右，指尖斜向上；右掌向里划弧举于左肘内侧，掌心向左与左肘相对，指尖斜向上；眼看左手。同时，左脚稍前移，脚跟着地；定势时，松肩垂肘，松腰松胯，上体中正，不要挺胸与凸臀。忌两肘相夹或剁臂。

8. 搬拦捶

（1）撇脚，微左转。（图 10–47）

要领提示：左脚尖外撇与上体左转要同步，两前臂内旋，两掌同时翻转，掌心斜向下，重心仍在右腿；目视前方。

（2）重心前移、收右脚，右手握拳。（图 10–48）

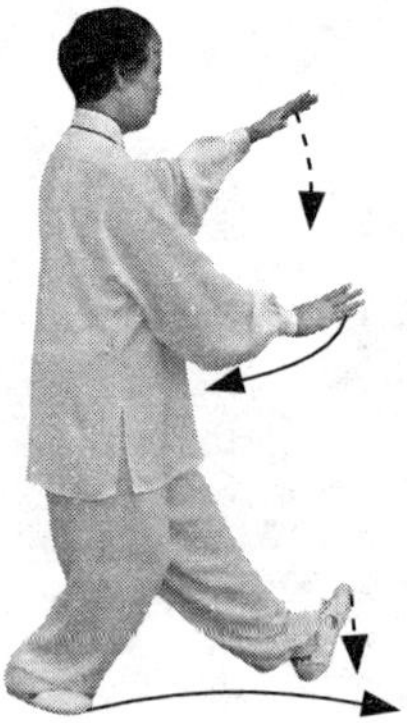

图 10–47

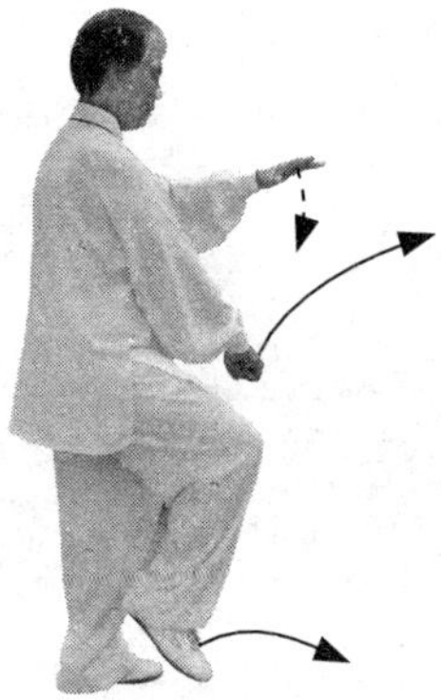

图 10–48

要领提示：右掌变拳要与重心前移、收右脚协调一致，随重心前移，右脚收至左脚内侧，脚尖不点地，右掌变拳向下、向里划弧收至腹前，拳心向下；左掌向后、向前划弧落在体前，掌心向下；眼看左掌前下方。

（3）右转上步，摆脚、前搬拳。（图 10–49、图 10–49 附图）

要领提示：以腰带臂、以肘关节为轴，右前臂翻转

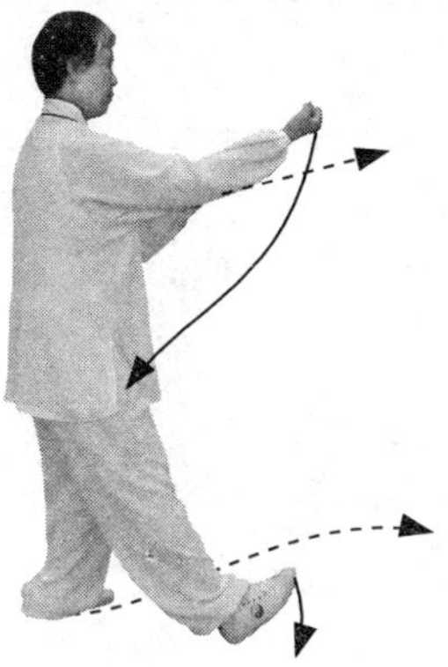

图 10-49

图 10-49 附图

（外旋）由下、向里向前弧形搬打，力在拳背；右拳前搬、左掌弧形落至右前臂内侧要与上体右转、右脚上步脚跟着地并外撇协调一致，重心在左腿，上体保持中正，松胯敛臀；眼看右拳前方。

（4）上步收拳，前拦掌。（图 10-50）

要领提示：左掌前拦（掌心斜向前）右拳收回腰侧（拳心向上）要与上体右转、重心前移、收左脚上步脚跟着地协调一致；右拳收回时，走下弧线，拳心向上，收至右腰侧，不要直往回抽；左掌前探拦掌；重心在右腿，松腰坐胯、敛臀；眼看左掌前方。

（5）左弓步打捶。（图 10-51）

要领提示：弓步与打捶要同时到位，并与上体微左转协调配合；右拳前打时，右前臂内旋，右拳边翻转边向前打出，拳眼向上，力点在拳面，右臂直中有屈，沉肩垂肘；左掌置于右肘内侧，掌心向右，指尖斜向上；

弓步时，左膝与左脚尖上下大体垂直，两脚跟之间的横向距离约 10 厘米；目视右拳。

图 10–50

图 10–51

9. 如封似闭

（1）左手前穿。（图 10–52）

图 10–52

要领提示： 左掌应从右腕下向前穿出，掌心向下，重心不变；目视前方。

（2）松拳、翻掌心向下。（图 10–53）

要领提示： 右前臂内旋，右拳变掌，翻掌心向下；目视前方。

（3）分手、后坐、回引。（图 10–54）

图 10–53

图 10–54

要领提示： 两掌回引时，随重心后移（上体后坐）以两肘带动两掌屈肘旋臂两手边分边回引，收至胸前，掌心斜向前，指尖斜向上；左脚尖不上翘，要松腰坐胯，上体中正。不可后仰或凸臀；眼看两掌前方。

（4）两掌下沉。（图 10–55）

要领提示： 重心不变，随沉气两臂内旋，两掌沉腕按至腹前，掌心斜向下；上体仍保持中正，沉胯、敛臀；眼随手动。

（5）左弓步前推按。（图 10–56）

图 10–55

图 10–56

要领提示：弓步与推按同时到位。重心向前平移成左弓步，同时两掌弧线向前推出，掌心向前，指尖向上，两掌之间的距离不要超过肩宽；到位时，膝盖不要超过脚尖，松腰、沉胯，上体保持中正，两臂微屈，松肩垂肘，两掌坐腕舒指，忌耸肩、架肘、凸臀；目视前方。

第二段（10 ~ 14 式）

10. 斜飞势

（1）后坐扣脚，右转、两手分开。（图 10–57）

要领提示：右掌右摆，两掌向左右分开要与上体右转、重心后移（上体后坐）、左脚尖内扣协调一致；随转体右掌由前向上、向右划弧，掌心向外；左脚内扣要充分，重心后移要松腰坐胯，右胯里缩、敛臀，忌猫腰、凸臀；目视右掌前方。

（2）重心左移，收右脚抱球。（图 10–58）

图 10–57

图 10–58

要领提示： 抱球要与上体右转、重心左移、收右脚（收至左脚内侧）协调一致，上体保持中正，收胯敛臀；两掌的运行路线是：右掌向下、向左划弧；左掌向上、向右划弧，两掌“抱球”于左胸前，掌心上下相对；眼看左掌。

（3）微右转出步、斜抱球。（图 10–59）

要领提示： 两臂微合（斜抱球）要与上体微右转、右脚上步脚跟着地协调一致；右脚上步要轻灵稳健，轻起轻落，两脚之间的距离约 20 厘米，重心仍在右腿；眼看左掌。

（4）弓步分手。（图 10–60）

图 10–59

图 10–60

要领提示：弓步与分手要同步。随弓步两掌右上、左下分开，劲由脚而腰、而肩、而臂、而手，节节贯穿，不要有断续处，右臂伸直，右掌向右前方捌出，掌心向上,指尖向右前上方；左手按于左胯外侧，掌心向下，指尖向前，臂微屈；弓步时重心平稳前移，右膝与右脚尖上下大体垂直；定势时，松腰、沉胯，上体中正；目视右掌前方。

11. 肘底捶

（1）后坐扣脚，左转、撑摆掌。（图 10–61）

要领提示：右掌前摆，左掌外撑要与上体左转、重心左移、右脚内扣协调一致；重心应向左平移，左胯里缩，松腰坐胯，上体保持中正。随转体右掌弧形摆至身体右侧前方，掌心向上；左掌撑于身体左侧，掌心向外；目视右掌前方。

(2) 重心右移，收左脚抱球。（图 10-62）

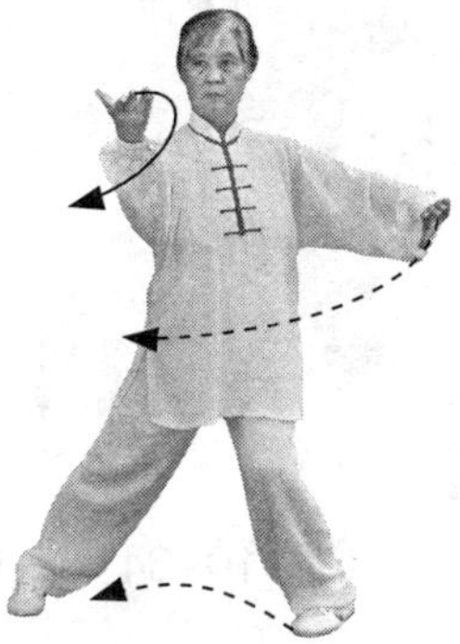

图 10-61

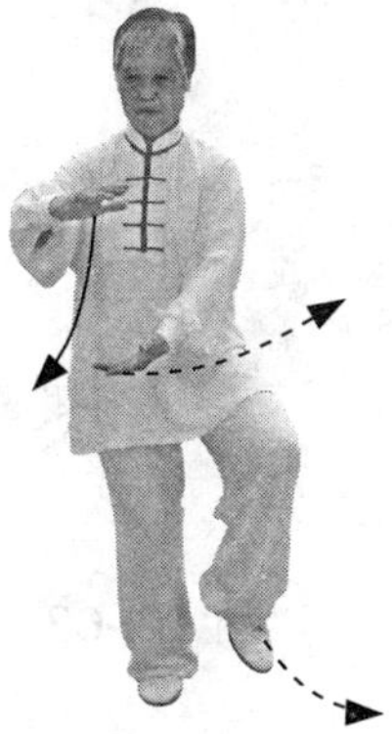

图 10-62

要领提示：两掌翻转，左掌右划，两掌抱球要与上体微右转、重心向右平移、收左脚（右脚内侧）协调一致。随转体收脚右前臂内旋，右掌划弧至右胸前，掌心向下；左前臂外旋，左掌划弧至右腹前，掌心向上，两掌心上下相对，两臂呈半圆形，两腋含空，松腰坐胯，立身中正；目视右掌。

(3) 微左转，出步分掌。（图 10-63）

要领提示：两掌交错分开要与上体左转、左脚上步脚跟着地协调一致；左脚上步的方向是正东偏南，重心仍在右腿；目视左掌前方。

（4）撇脚，左转划弧。（图 10-64）

图 10-63

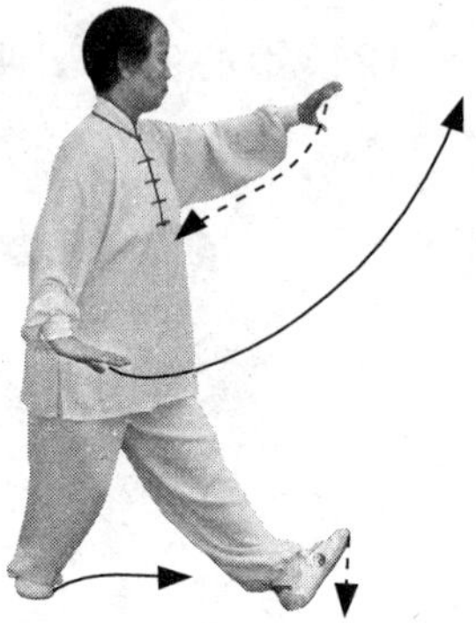

图 10-64

要领提示：左掌翻转左捋要与上体左转、左脚尖外撇同步，重心不变；随转体左前臂内旋，左掌翻转划弧，掌心向外；目视左手前方。

（5）跟步摆掌。（图 10-65）

图 10-65

要领提示：右掌翻转前摆（至体前，掌心向上）、左掌下划（至左腰侧，掌心向下）要与上体左转、右脚跟进半步，脚前掌着地协调一致，重心在左腿，松腰、敛臀，立身中正。两掌的运行路线是：随右脚跟步，右前臂外旋，右掌翻转向前划弧置于身体前方，掌心向上；左掌向外、向后划弧置于左腰侧，掌心向下，指尖向前；眼看右掌前方。

左转，出步分掌、撇脚，左转划弧、跟步摆掌都要与左转腰协调配合。

（6）后坐穿掌，虚步劈掌。（图 10–66）

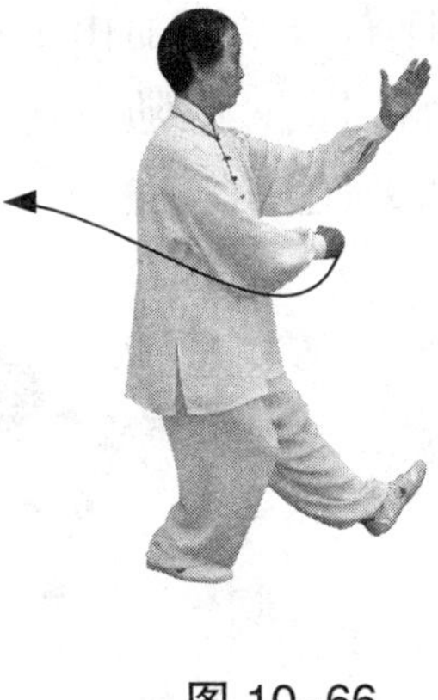

图 10–66

要领提示：左掌前穿要与腰微右转、重心后移、左脚跟抬起协调一致。左掌从右前臂上向前穿出，掌心斜向上，指尖斜向前；眼看左掌。

劈掌、握拳要与腰微左转、左脚前移脚跟着地协调一致，并同时完成；左掌前穿时，掌心斜向上，劈掌时，左掌翻转成侧立掌，力在小鱼际；右掌变拳收至左肘内侧下方，不要收至左肘下方，以免形成夹肋，拳眼向上；定势时，沉肩垂肘，两臂呈半圆形，松腰坐胯、敛臀，上体中正，不可前倾或凸臀；眼看左掌前方。

12. 倒卷肱

（1）右拳变掌、撤手，右手划弧侧后举。（图 10-67）

要领提示：右拳变掌划弧侧举要与上体右转同步；重心仍在右腿。随转体右掌经腹前由下向右后上方划弧平举，臂微屈，掌心斜向上；眼随体转，看右掌。

（2）翻掌微左转。（图 10-68）

图 10-67

图 10-68

要领提示：两掌翻转（掌心皆向上）与上体左转同步，目视左掌前方。

（3）屈右肘，提左脚。（图10–69）

要领提示：屈肘与提脚要同步；左脚轻提时，左腿屈膝，脚尖自然下垂，以不超过右脚踝骨的高度为宜，重心仍在右腿。同时右臂屈肘，右掌提至右耳旁，掌心斜向前；目视前方。

（4）退步前推掌。（图10–70）

图10–69

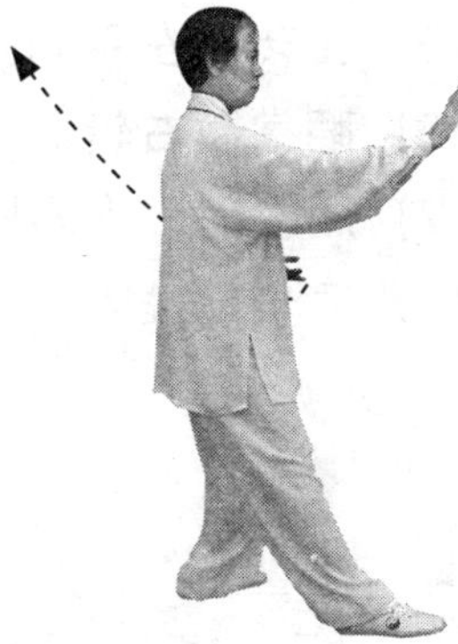

图10–70

要领提示：退步时前脚掌先着地，然后重心后移，左脚跟内收慢慢踏实，右脚以前脚掌为轴将脚转正成右虚步；推掌、撤手要与退步、后坐、左脚跟内收、右脚调正同时进行，同时到位，推掌、撤手应走弧线，两掌在体前交错一推一撤协调配合，速度均匀，右掌应经左掌上方向前推出，掌心向前；同时左掌撤至左腰侧，掌心向上。到位时右手坐腕、展掌、舒指，沉肩垂肘，松腰、沉胯；在退步的过程中，重心仍在右腿，左脚要点起点落，轻起轻落，重心不可忽高忽低、上下起伏，身体不可前俯后仰，左右歪斜；倒卷肱是顺步的虚步推掌，定势为一手前推、一手收至腰侧；一手侧后弧形平举时，与前臂的夹角约呈 135°，忌两臂成一条直线；目视右掌。退步时应左脚掌先着地，然后踏实全脚；两脚之间的横向距离约 10 厘米。

（5）左转，左手划弧侧后举。（图 10-71）

（6）翻掌微右转。（图 10-72）

（7）屈左肘，提右脚。（图 10-73）

（8）退步前推掌。（图 10-74）

图 10-71

图 10-72

图 10-73

图 10-74

(5) ~ (8) 动与 (1) ~ (4) 动的要领提示相同，唯动作左右相反。

13. 左右穿梭

(1) 右转、扣脚、穿右掌。(图 10-75)

图 10-75

要领提示：右掌前穿（右掌心向上，左掌心向下）要与上体右转，左脚尖内扣（踏实）协调一致，随转体左掌向右划弧，掌心向下；右掌由腰间经左前臂上方穿出，掌心向上；右胯里缩，松腰坐胯、敛臀，上体保持中正，重心在右腿；目视右掌。

（2）重心左移，碾脚，活步中抱球。（图 10–76）

要领提示：两前臂翻转，两掌“抱球”要与上体右转、重心左移、碾右脚活步脚尖外摆协调一致，右脚活步时，随重心左移右腿屈膝提起，随即落地，脚尖外摆；重心在左腿，松腰、坐胯、敛臀；同时，右前臂内旋，左前臂外旋，两臂呈半圆形，两掌心上下相对（抱球状）；眼看右掌。

（3）出步，两手划弧交错。（图 10–77）

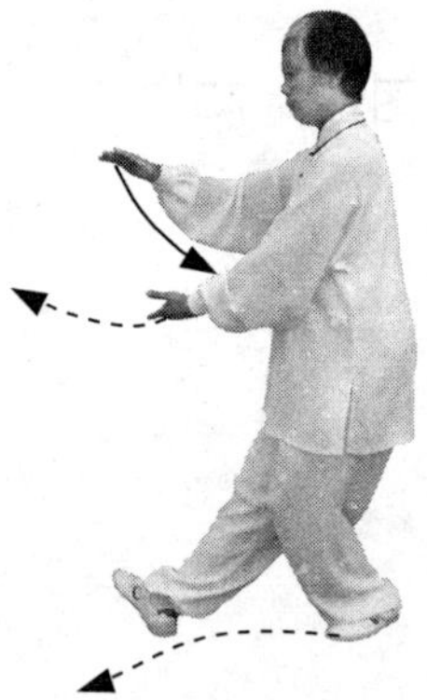

图 10–76

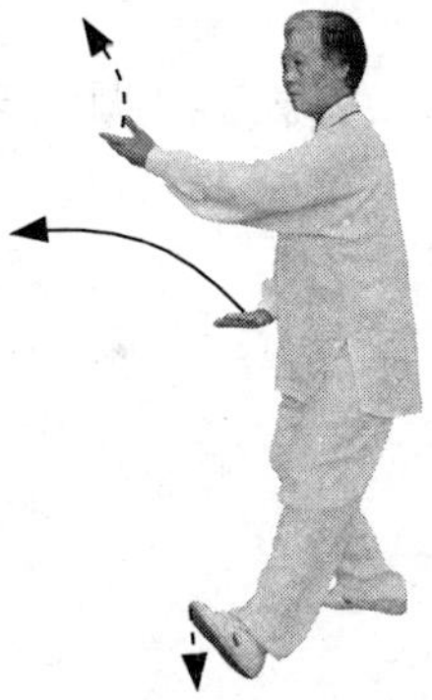

图 10–77

要领提示：两手划弧交错要与上体右转、重心前移、收左脚上步、脚跟着地协调一致；随重心前移至右腿，左腿屈膝提起，左脚向左前方迈步，脚跟着地，左脚要轻起轻落，重心在右腿。同时两掌交错，左掌向前掤出，掌心斜向内；右掌回收至右腰间，掌心向下；眼看左掌前方。

（4）左转，弓步架推掌。（图 10–78）

要领提示：随转体弓步（以腰带臂），左手上举托架（架于头左上方，掌心斜向上），右手经腰间向前弧形推出（高与胸平，掌心向前，指尖向上）两臂呈半圆形，上体中正，两肩松沉，不耸肩，不架肘，身体不要左右歪斜；左手托架、右掌前推要与上体左转、重心前移成左弓步协调一致。弓步与推掌方向一致，均为左前方；目视左前方。

（5）右手划弧、收右脚、左抱球。（图 10–79）

图 10–78

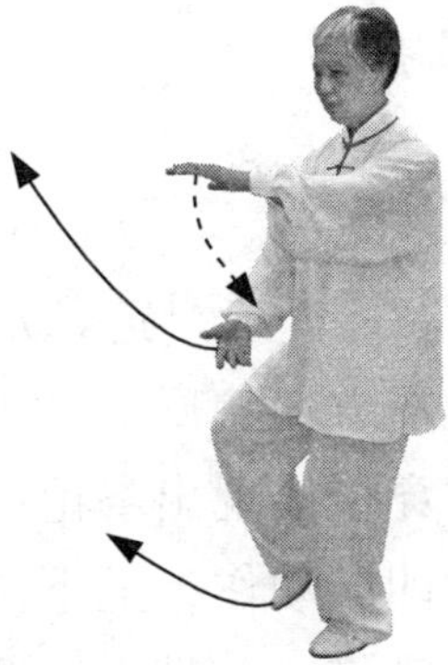

图 10–79

要领提示：重心微微后移，腰微右转再左转，随转体右掌先向右平抹，右前臂外旋，右掌再向左抄举于左腹前；左掌转臂下落，两掌呈“抱球状”，两掌心上下相对；同时右脚收至左脚内侧；到位时，松腰坐胯，敛臀；眼看左掌。

（6）微右转出步，两手划弧交错。（图 10–80）

（7）右转，弓步架推掌。（图 10–81）

图 10–80

图 10–81

（6）~（7）动与（3）~（4）动的要领提示相同，唯动作左右方向相反。

左右穿梭体现出拳论中“腰为主宰”的论点，以腰为轴带动四肢动作，上下协调一致，转换自如；弓步架推掌要以腰带臂、带手，两掌前上、后下交错对拉，再一手上举托架，一手经腰间向前推出，两肩松沉，上体中正，忌耸肩、扬肘或上体歪斜。

弓步与推掌方向一致，为左右前方 30°~45°。

14. 左右野马分鬃

（1）左手划弧，收左脚抱球。（图 10–82）

要领提示：左手划弧，右手微划成抱球状要与身微左转再右转、收左脚协调一致。随转体左掌先向左平抹，左前臂外旋，左掌向右抄举于右腹前，右掌转臂下落，两掌呈“抱球状”，两掌心上下相对，两臂均呈半圆形，左腋含空；同时左脚收至右脚内侧，到位时，松腰坐胯、敛臀；眼看左掌。

（2）出步，斜抱球。（图 10–83）

图 10–82

图 10–83

要领提示：两臂微微内合（斜抱球）与左脚上步脚跟着地同步，重心仍在右腿，左脚上步时，右腿屈膝，左脚从右脚踝内侧向左前方迈出，上体要中正，松腰、沉胯、敛臀；眼看右掌前方。

（3）左弓步分靠。（图 10–84）

要领提示：此势是顺弓步分靠，弓步与分靠要同时完成。做分靠时，右脚蹬地，劲由脚而起，以腰带臂、带手，左掌向左斜上方靠出，力点在左手臂外侧，前臂不要超出大腿外侧，肘与膝要上下相对；到位时，左肩松沉，肘微垂，左臂直中有屈，左手展掌、舒指，力贯指梢，高与肩平，左膝与左脚尖大体垂直；右掌按于右胯旁，臂呈弧形，坐腕、展掌、舒指，此为呼气。定势时，松肩垂肘，松腰沉胯，两脚之间的横向距离约 30 厘米，忌单纯做弓步分手，没有攻防含义；目视左掌前方。

（4）收脚左抱球。（图 10–85）

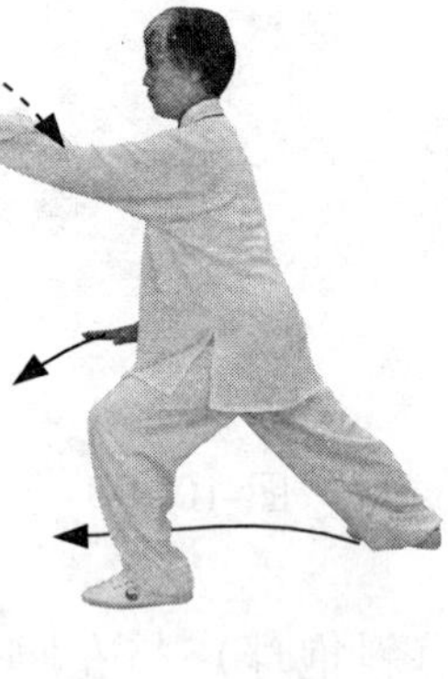

图 10–84

图 10–85

（5）出步斜抱球。（图 10–86）

（6）右弓步分靠。（图 10–87）

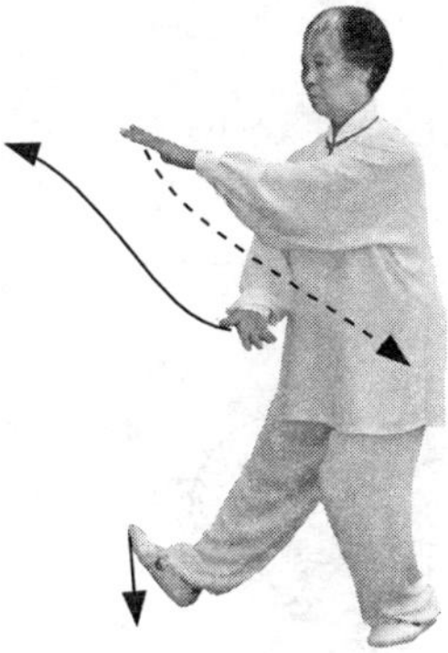

图 10–86

图 10–87

（4）~（6）动与（1）~（3）动的要领相同，唯动作左右相反。

第三段（15 ~ 23 式）

15. 云手

（1）左脚跟内收，左转扣脚，两手划弧。（图 10–88）

要领提示：左前臂外旋，右前臂内旋翻掌左划要与上体左转、重心左移、左脚跟内收，右脚尖内扣协调一致，重心平稳左移，左胯里缩，上体中正。两掌的运行路线是：随转体左前臂外旋，左掌由下向前、向上经面前向左侧弧形运转，掌心向内；右前臂内旋，右掌翻转，由右向下、经腹前向左弧形运转至左腹前，掌心向下；眼看左掌前方。

（2）并右脚翻掌。（图 10–89）

图 10–88

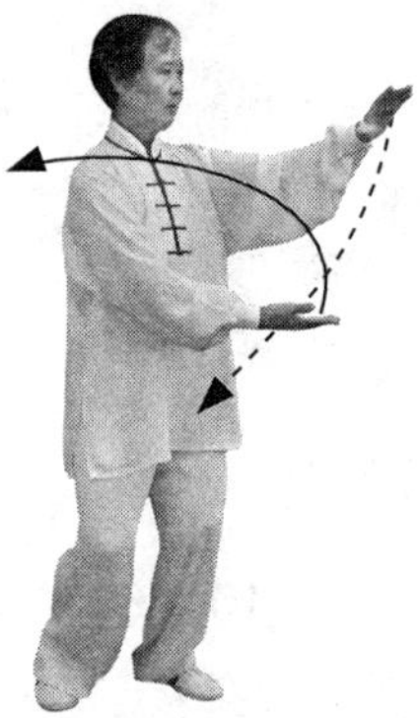

图 10–89

要领提示：两掌翻转要与上体左转、重心左移、收右脚上下协调一致。随重心左移，右脚向左脚内侧移步，两腿弯曲成小开立步；同时左前臂内旋，翻掌心向外；右前臂外旋翻掌心向上；眼看左侧方。

（3）右转腰，两手划弧云手。（图 10–90）

要领提示：以腰为轴带动两臂、两掌在体前交叉划立圆并与上体右转、重心右移协调一致。两掌的运行路线是：随转体右掌向上、经面前向右弧形运转，掌心向内；左掌翻转，由左向下、经腹前向右弧形运转至右腹前，掌心向下；眼看右掌前方。

(4) 横开步翻掌。(图 10-91)

图 10-90

图 10-91

要领提示：两掌翻转要与上体右转、左脚横开一步协调一致。随转体右前臂内旋，翻掌心向外；左前臂外旋，翻掌心向上；眼看右侧方。

(5) 左转腰，两手划弧云手。(图 10-92)

要领提示：以腰为轴带动两臂、两掌在体前交叉划立圆并与上体左转、重心左移协调一致；眼看左掌。

(6) 并右脚翻掌。(图 10-93)

要领提示：两掌翻转（左前臂内旋，右前臂外旋）要与上体继续左转、重心移于左腿、收右脚成小开立步同步，上下协调一致；眼随手动。

图 10-92

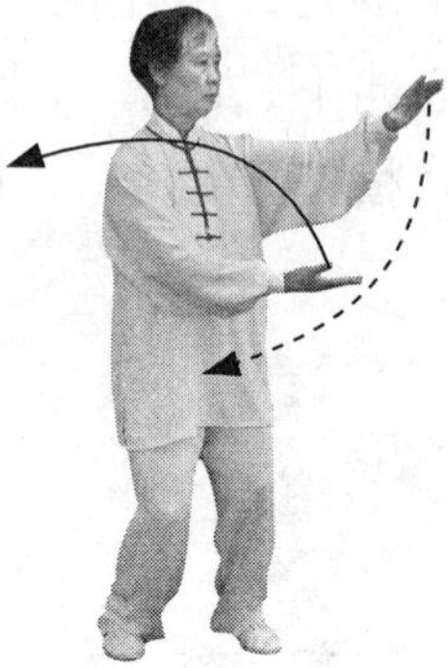

图 10-93

（7）右转腰，两手划弧云手。（图 10-94）
（8）横开步翻掌。（图 10-95）
（9）左转腰，两手划弧云手。（图 10-96）
（10）并右脚翻掌。（图 10-97）

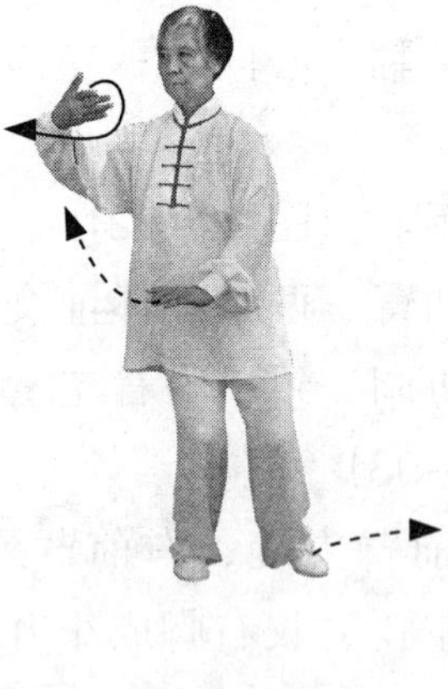

图 10-94

图 10-95

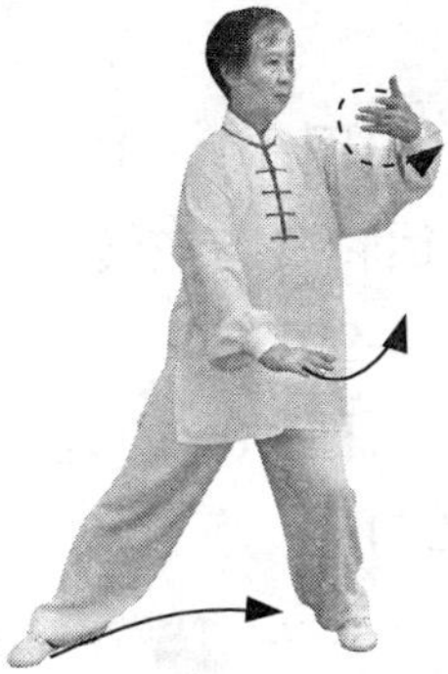

图 10-96

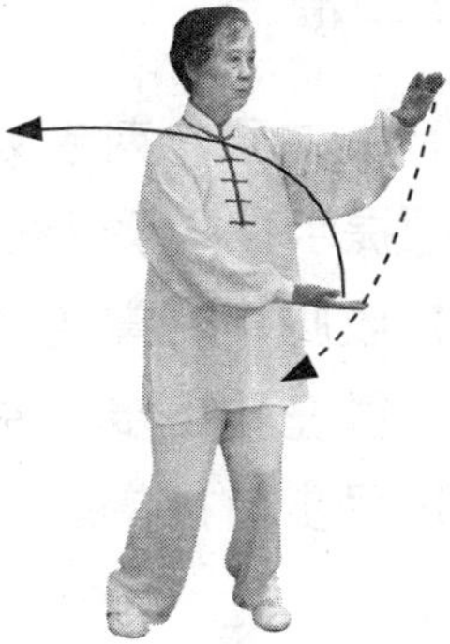

图 10-97

（7）~（10）动与（3）~（6）动的要领提示相同。

整个云手动作要以腰为轴，用腰的转动带动两臂、两手在体前左右划立圆，上边的手高不过眉，下面的手低不过裆。两手边云边翻掌，眼随手动，不可机械地抡手不转腰。

重心的移动、转腰和手的运转三者要同一方向，同时到位。做到不夹臂、不扬肘，忌腰与手异向，造成身体歪扭不协调。

云手并步时，步型是小开步，两脚尖均向前。两脚之间的距离为 10~20 厘米，忌八字脚。

左右云手过程中要有一个马步过渡。两脚的虚实要分明，两臂的旋转和脚步的移动要轻柔渐进，不可忽快忽慢，忽高忽低。应保持速度均匀，左右平移；手、眼、步与腰的转动要配合协调，做到神形兼备。

16. 单鞭

（1）右转腰，两手划弧运转。（图 10–98）

要领提示：两手继续划弧向右运转要与右转腰同步。

（2）收脚，右掌变勾。（图 10–99）

（3）微左转出步，左手平捋。（图 10–100）

（4）弓步前推掌。（图 10–101）

图 10–98

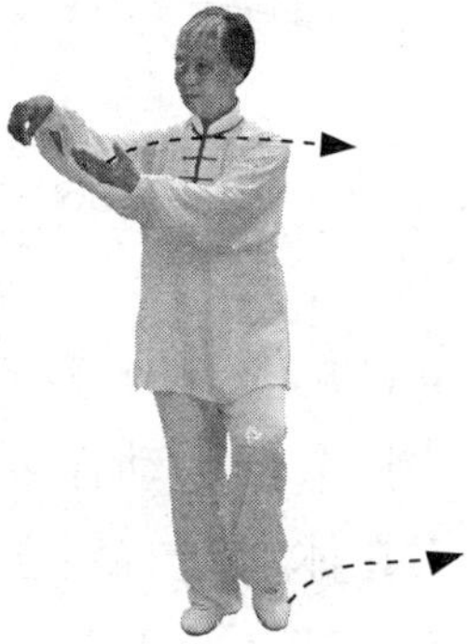

图 10–99

图 10–100

图 10–101

(2) ~ (3) 动与第三势单鞭的 (2) ~ (4) 动的要领提示相同。

17. 高探马

(1) 跟半步前伸掌。(图 10–102)

要领提示: 左掌微前伸要与重心前移(重心平稳前移左腿)、右脚跟进半步(左脚内侧后方)脚前掌着地协调一致;眼看前方。

(2) 后坐右转,勾变掌。(图 10–103)

图 10–102

图 10–103

要领提示: 上体右转、重心后移(上体后坐)与右勾手变掌三者要协调一致;眼随手动,看右掌。

(3) 微左转,翻掌平举。(图 10–104)

要领提示: 两前臂外旋,翻掌平举(掌心皆向上)要与上体左转协调配合;目视前方。

（4）左转，虚步横推掌。（图 10–105）

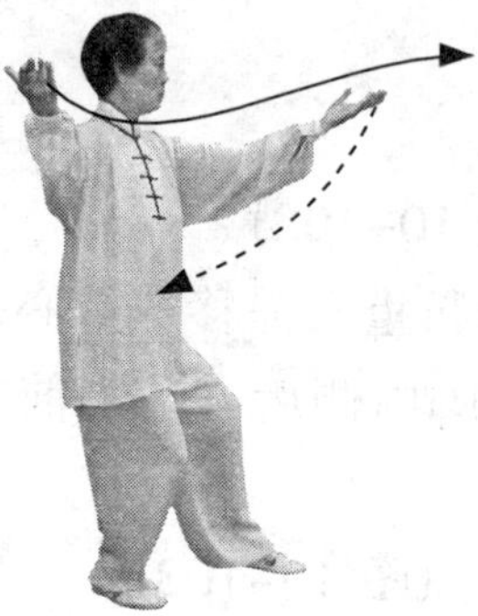

图 10–104

图 10–105

要领提示：此势是左拗虚步推掌。随转体右掌经右耳旁从左掌上向前斜上方横推，掌心向下，指尖斜朝左前方，劲力在右手小鱼际外侧；左臂回屈，左掌横于体前，掌心向上，两肩松沉，右肘微下垂，松腰、沉胯，立身中正，忌重心升高、上体前探、俯身或凸臀；右掌横推，左掌屈臂回抽要与上体左转、左脚跟提起、脚尖点地成左虚步协调一致；眼看右掌前方。

18. 右蹬脚

（1）微左转再右转，两手划弧。（图 10–106）

要领提示：两手划弧要与腰的左右旋转协调配合；随转腰左掌由体前向左、向前划弧至体前，掌心向上；

右掌由前向右、向后划弧至右腰侧，掌心向下；眼看左掌前方。

(2) 出左步，穿右掌。(图 10–107)

图 10–106

图 10–107

要领提示：右掌斜前穿、左掌回收（屈肘收至腹前）要与上体左转、左脚左前上步脚跟着地协调一致，重心仍在右腿。随转体左掌由前向右抹转至右胸前，掌心向上；同时右掌自右向里、向左经左臂上方前穿，掌心向下；眼看右掌前方。

(3) 弓步，两手划立圆。(图 10–108)

要领提示：两手划立圆要与上体右转、重心前移成左弓步协调一致；到位时松腰沉胯，上体保持中正。随转体两掌继续划弧，右掌划至右前方，掌心向下；左掌划至身体左侧，掌心向上；眼随手动。

(4) 收脚合抱。(图 10-109)

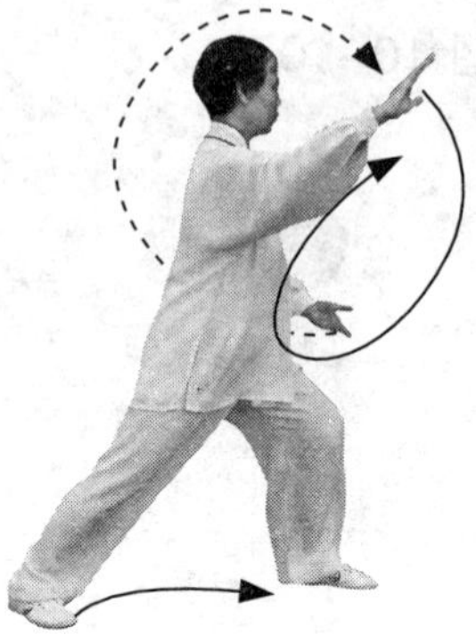

图 10-108

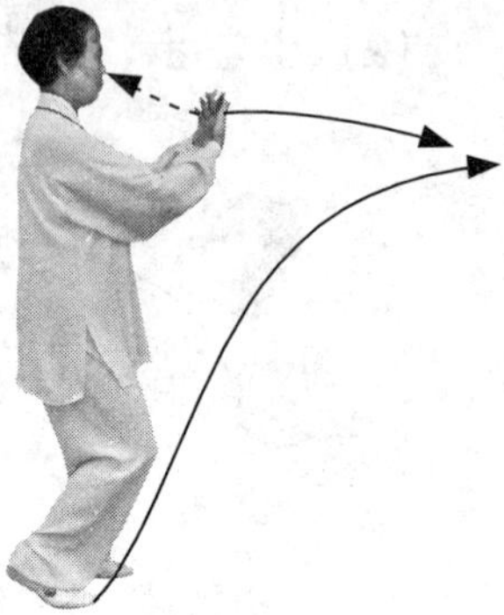

图 10-109

要领提示：两掌交叉合抱要与重心前移、收右脚同步；随重心前移，两掌继续划弧（半圆），两掌交叉合抱于胸前，右掌在外，两掌心皆向内；眼看两掌前方。

本势的（1）~（3）动右掌穿抹、两掌在体前划立圆都要与腰的左右转动协调配合，动作要连贯，不要有断续处。

图 10-110

(5) 提膝、蹬脚分手。(图 10-110)

要领提示：右膝提起，右脚向右前方蹬出，力在脚跟，此为呼气，同时两掌向左右弧形分开，右手与右腿同一方向，肘、膝上下相对。定势时，两掌翻转外撑、沉腕、舒指，沉肩垂肘，左腿膝部微屈，保持身体正直，重心稳定，忌身体后仰。眼看右脚、右手方向。

19. 双峰贯耳

（1）收腿、并手。（图 10–111）

要领提示：收腿与并手要同步，随收腿两前臂外旋，两掌翻转，左掌向前划弧与右掌成并手，掌心斜向上，两臂微屈、肘下垂，左掌置于右膝里侧；右掌置于右膝外侧；同时右腿回屈，右脚尖自然下垂；目视右前方。

（2）落脚落手，掌变拳。（图 10–112）

图 10–111

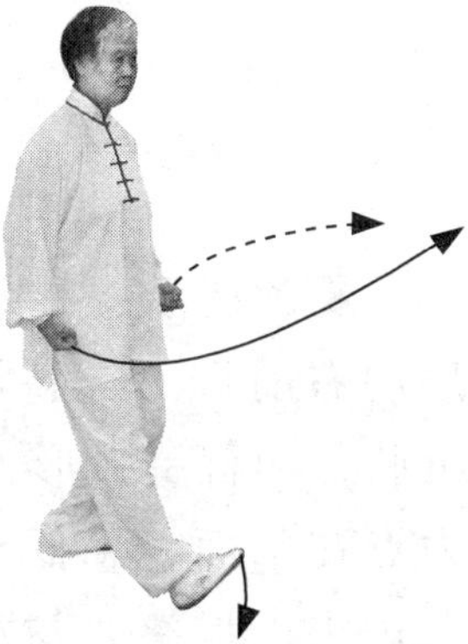

图 10–112

要领提示： 两掌下落变拳（置于两胯旁）要与左腿屈膝、右脚向右前落步，脚跟着地协调一致；随重心下移，左腿屈膝，右脚跟轻轻向右前方落地，上体要中正，忌身体前俯或后仰；目视前方。

(3) 右弓步双贯拳。(图 10–113)

图 10–113

要领提示： 贯拳要走弧形，随弓步两拳由两侧弧形向右前贯出，高与耳平；定势时，两肩松沉，松腰沉胯，两臂呈弧形，两肘外开并下垂，两拳眼斜向下，力点在拳面，忌低头、弯腰、凸臀、耸肩、架肘、两拳过头。贯拳要与重心前移成右弓步协调一致；眼看右前方。

贯拳方向与右蹬脚的方向一致。

20. 左分脚

(1) 后坐拳变掌。(图 10-114)

要领提示：两拳变掌微分要与重心后移（上体后坐）右脚尖微起协调一致，松腰坐胯、敛臀，上体保持中正；眼看两掌前方。

(2) 撇脚、右转、分两掌。(图 10-115)

图 10-114

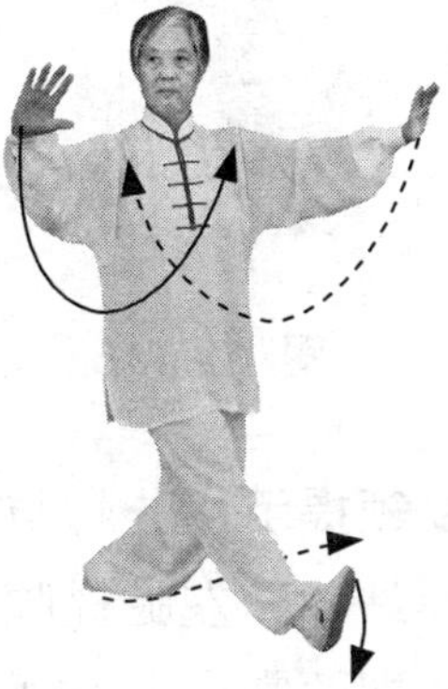

图 10-115

要领提示：两掌向左右分展侧举要与上体右转、右脚尖外撇协调一致；（1）和（2）动作转换要连贯，不要有断续处；眼看前方。

(3) 重心前移，收脚合抱。(图 10-116)

要领提示：两掌合抱要与重心前移、收左脚协调配合；两掌的运行路线是：随重心前移，左脚收至右脚内侧，同时，两掌由两侧向下、向内划弧至腹前，相交举抱于胸前，左掌在外，两掌心皆向内；眼看两掌前方。

（4）提膝，分脚分手。（图 10–117）

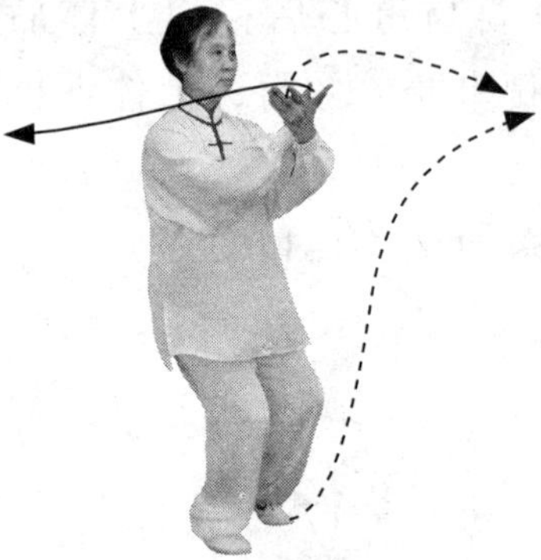

图 10–116

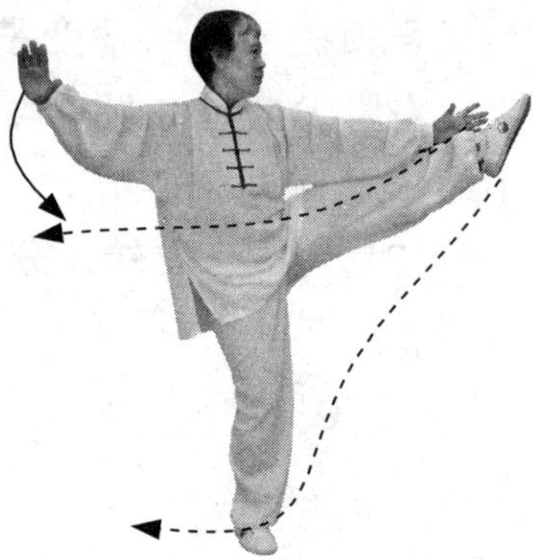

图 10–117

要领提示：分脚与分手同时到位；分脚分手时，右腿微屈站稳，左腿提膝，左脚面展平，脚尖向左前方分出，随即两掌向左右弧形分举，沉肩垂肘，两掌翻转外撑，掌心皆向外，两腕与肩同高，沉腕、舒指。左手与左腿同一方向，左臂与左腿上下相对；定势时，要立身中正；眼看左侧方。

21. 转身右蹬脚

（1）碾右脚，右后转体，扣左脚。（图 10–118、图 10–118 附图）

要领提示：碾右脚，右后转体，扣左脚三者要协调一致；转体时，以右脚掌为轴，身体迅速向右后转动；

左脚随转体自左而前右摆，下落后，扣脚要充分，同时，两掌下落体前，掌心斜向下，上体要保持中正；眼看两掌前下方。

图 10–118

图 10–118 附图

（2）双碾脚，右转合抱。（图 10–119）

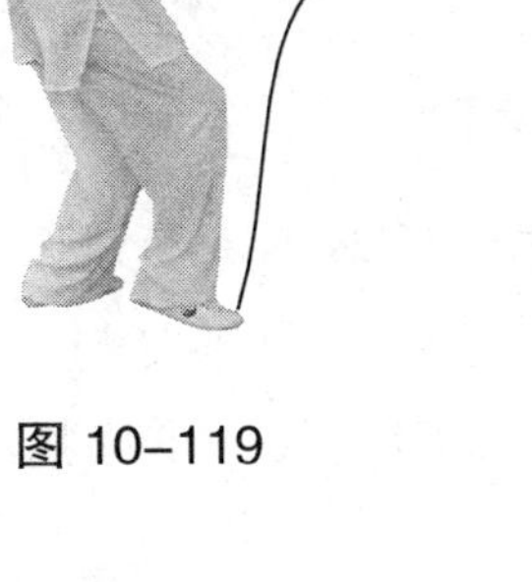

图 10–119

要领提示：两掌交叉合抱举于胸前（两掌心皆向内）要与上体右转、两脚同时碾转、重心移于左腿，右脚跟微提协调一致。两掌随转体自左右划弧交叉合抱于腹前后举于胸前，右掌在外，掌心皆向内；眼看两掌前方。

（3）提膝，蹬脚分手。（图 10-120）

图 10-120

（3）动与 18 右蹬脚（5）动的要领相同，唯右脚蹬出的方向不同。

22. 海底针

（1）撤步、后坐、两手划弧。（图 10-121）

要领提示：两掌划弧要与上体微右转、右脚后落、脚前掌着地、脚跟内收、重心后移（上体后坐）协调一致；随转体撤步右掌由前下划至腹前，掌心向左；左掌由后上划至体前，掌心斜向下；重心在右腿；目视前方。

（2）右转，两手划弧、提右手。（图 10–122）

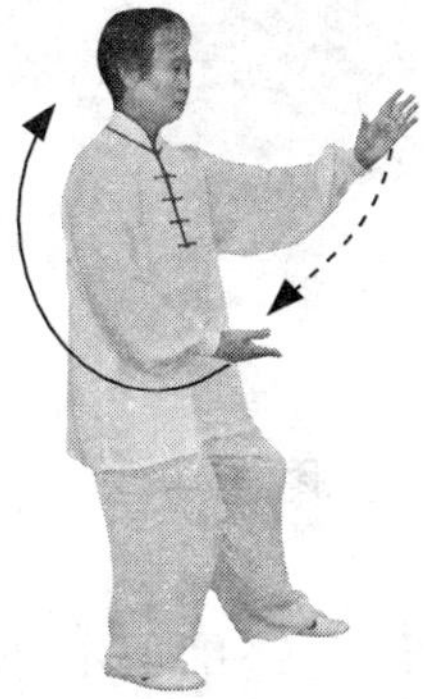

图 10–121

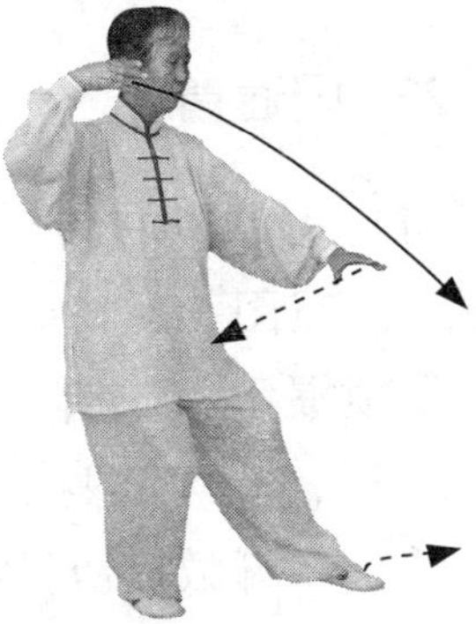

图 10–122

要领提示：两手划弧、提右手要与上体右转协调配合；右手上提时，以腰带臂，右手在身体右侧划一立圆提至右耳侧，掌心向左，指尖向前；左手在体前划个半圆至腹前，掌心向下；到位时，松肩垂肘，忌耸肩、扬肘或身体歪斜。右脚跟内收后，脚尖的方向右前方约 45°。

（3）左转，虚步搂按、斜插掌。（图 10–123）

要领提示：右手斜插、左手搂按要与腰微左转、左脚微前移成左虚步协调一致，左掌向左搂按于左膝外侧，掌心向下，指尖向前；右掌由耳侧斜插于前下方，掌心向左，指尖向斜前下方；右掌斜插时，忌劈掌或向下砍掌；定势时，上体微前倾，但不要过于前倾，忌低头、弯腰或凸臀；目视斜前下方。

图 10-123

23. 闪通背

（1）上体微右转，收脚上提手。（图 10-124）

要领提示：收脚与提手同时进行，并与起身、上体微右转、左脚微提协调一致；右手提至体前，右臂与肩平，右臂直中有屈，掌心向左，指尖向前；左掌上划，掌指贴于右前臂内侧，掌心向右；忌耸肩、吊肘，立身要中正，重心在右腿，左脚微提；目视前方。

（2）出左脚翻右掌。（图 10-125）

图 10-124

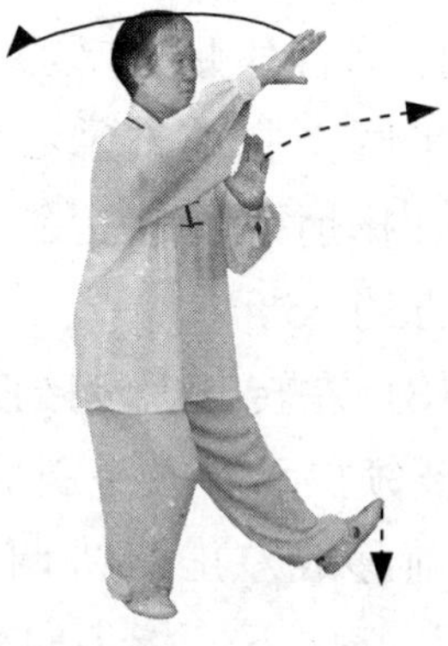

图 10-125

要领提示：右掌翻转上举，左掌微落要与上体微右转、左脚上步，脚跟着地协调一致；重心仍在右腿，松腰坐胯、敛臀；目视前方。

(3) 弓步撑推掌。（图 10-126）

图 10-126

要领提示：左手前推、右手上撑要与重心前移成左弓步协调一致，腰、腿、臂同时发力，同时到位；此势是顺弓步推掌，两脚之间的横向距离不宜太宽，约 10 厘米，左臂与左腿上下相对，与“顺步肘与膝合”的拳论相符合；定势时，推掌与撑掌配合呼气，要有一种推撑拉的张力，到位时左臂微屈（直中有屈），掌心向前，指尖向上；右臂呈半圆，掌心向外；左手向前推按，右手上举并有向后引拉的意念，忌耸肩；目视左掌前方。

第四段（24～40式）

24. 白蛇吐信

（1）后坐扣脚，右转、两手划弧。（图 10–127）

要领提示：两掌划弧是在右转体的带动下完成的；并与重心后移、左脚尖翘起并内扣协调一致，右胯里缩，松腰坐胯、敛臀，上体中正。随转体两掌划弧，右手向右划弧至身体右侧，掌心向外；左掌微右划，掌心向外；目视右掌前方。

（2）重心左移，收脚、右手握拳。（图 10–128）

图 10–127

图 10–128

要领提示：右手握拳、左掌弧形下落要与上体右转、重心左移、收右脚脚尖点地协调一致。两掌的运行路线是：右掌随转体下划至腹前握拳，拳心向下；左掌向上、向右划至右前臂上方，掌心向下；右手握拳时，肩要松沉，两腋要空。注意敛臂，上体要保持中正；眼随手动。

（3）右转，斜出步撇掌。（图 10–129）

要领提示：右拳变掌撇打要与上体右转、右脚向右斜前上步、脚跟着地协调一致；转体迈步要轻灵稳健，右脚跟轻轻落地，出步的方向是右斜前方；随转体出步，右拳变掌向右前撇打，掌心向上，指尖向前，力在掌背；左掌下划按于左腹前，掌心向下，指尖向前，忌把撇掌做成撇拳；眼看右掌前方。

（4）右弓步推掌。（图 10–130）

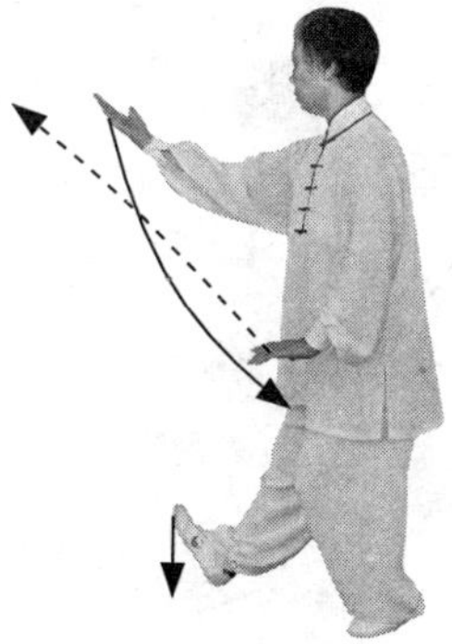

图 10–129

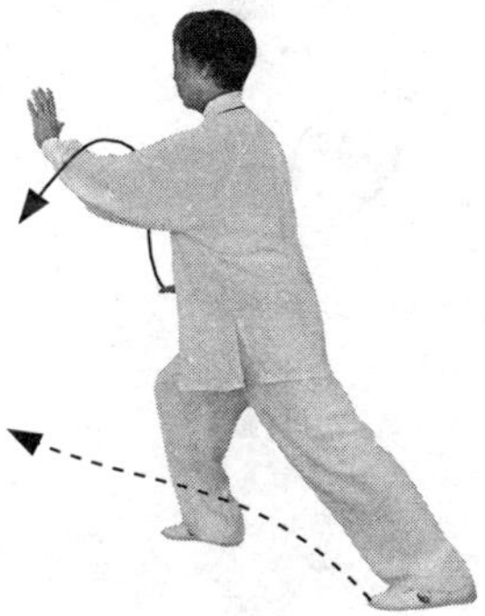

图 10–130

要领提示：弓步与推掌要协调一致，同时到位；随重心前移成右弓步左掌顺右臂向右前方推出，掌心向前，指尖向上，前推要走弧线；右掌向下弧形运至右腰侧，掌心向上，指尖向前；定势时，左臂微屈，左掌坐腕、展掌、舒指，松肩垂肘，松腰沉胯，左脚跟外展；眼看右前方。

25. 右拍脚

（1）上步摆脚、穿右掌。（图 10-131）

要领提示：左前臂外旋翻掌（掌心向上），右掌斜前穿要与重心前移、左脚外摆前迈、两腿屈膝成高歇步协调一致。右掌从左臂上方向前斜穿，掌心向上；眼看右掌前方。

（2）歇步划立圆。（图 10-132）

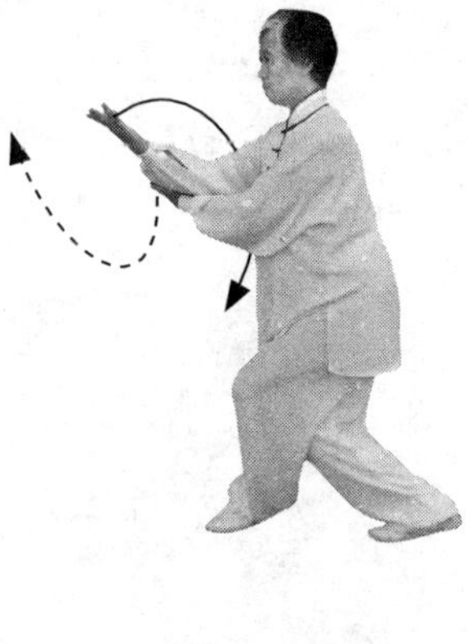

图 10-131

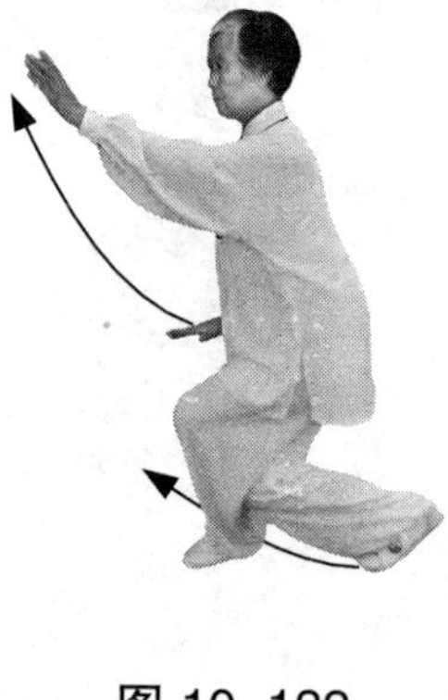

图 10-132

要领提示：两掌划立圆要与两腿屈膝、右脚跟抬起成歇步协调一致。右掌向前上穿，然后右前臂内旋，右手翻掌向右、向下划弧收至体右侧，掌心向下；左掌向下经腹前向左前上方划弧，掌心斜向前，两掌各划了半个立圆；眼看左掌。

（3）收脚合抱。（图 10–133）

要领提示：两掌划弧交叉相合举抱于胸前要与重心移于左腿、收右脚协调配合，随重心前移，右掌向内划弧，两前臂外旋，两腕交叉于胸前，右掌在外，两掌心斜向内，到位时，立身中正，松腰、沉胯、敛臀。眼看两掌前方。（1）~（3）动两掌各划一个立圆，运行时，动作要连贯，一气呵成，不要有断续处。

（4）提膝，拍脚分手。（图 10–134）

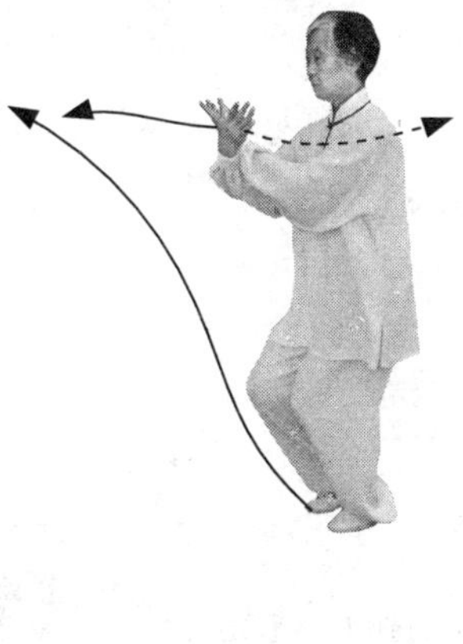

图 10–133

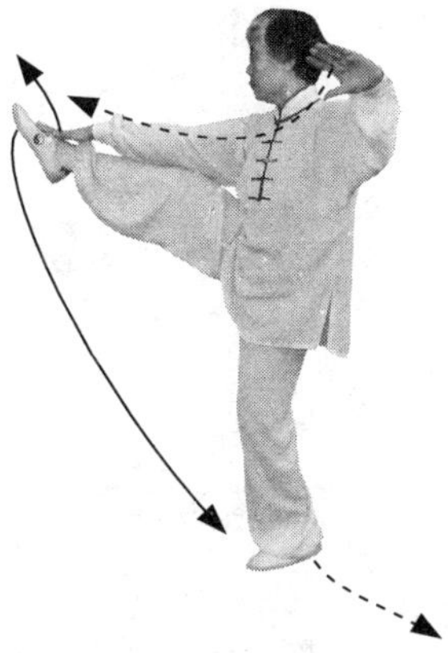

图 10–134

要领提示：提膝拍脚与分手要协调一致；拍脚时，左腿稍屈站稳，右脚面绷平，随即向右前上方踢出，同时两掌向上、向左右分开，右掌拍击右脚面，左掌侧举于左后方，掌心向外；上体保持中正。左脚跟不要抬起，忌弯腰或后仰。

26. 左右伏虎势

（1）落脚、撤步、摆掌。（图 10-135）

要领提示：两掌右摆（掌心皆向下）要与右脚下落、左脚后撤成右弓步协调一致；右脚下落于左脚内侧，随即左脚向左后撤步成右弓步。定势时，松腰沉胯，上体中正；眼看右掌前方。

（2）碾脚、蹬脚，左转，摆掌握拳。（图 10-136）

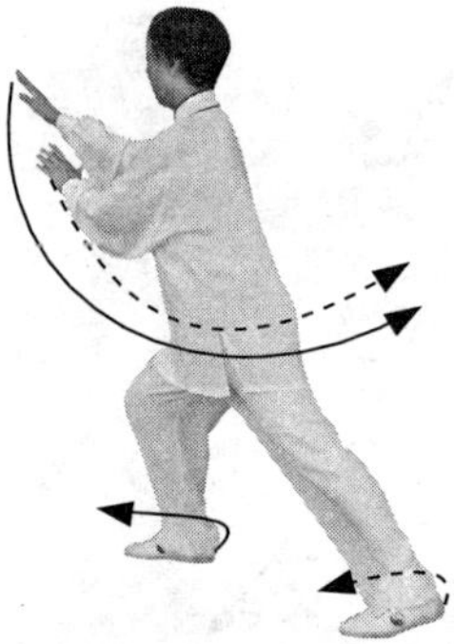

图 10-135

图 10-136

要领提示：两掌左划握拳要与上体左转、碾左脚、蹬右脚成左弓步协调一致。两掌的运行路线是：随转体弓步两掌由右向下经腹前向左划弧变拳，左拳划至身体左侧，拳心向下；右拳划至左肋前，拳心向内；目视右前方。

(3) 左弓步贯拳。(图 10–137)

. 要领提示：双贯拳要与上体右转协调配合，左拳架于头的左侧上方，拳心斜向外，拳眼向下；右拳举于左肋前，拳心向里，拳眼向上，两拳眼上下相对；定势时，松腰松胯，上体中正，两臂均呈半圆形；目视右前方。

(4) 重心微右移拳变掌。(图 10–138)

图 10–137

图 10–138

要领提示：两拳变掌微落（掌心向下）要与上体微左转、重心后移、右腿屈膝协调一致，重心在右腿，上体保持中正，坐胯、敛臀；目视左前方。

(5) 重心左移、收右脚、两掌微前送。(图10–139)

要领提示：两掌微前送要与重心前移（左移）、收右脚同步，上下协调一致；目视左前方。

（6）右转出步，摆掌握拳。（图 10-140）

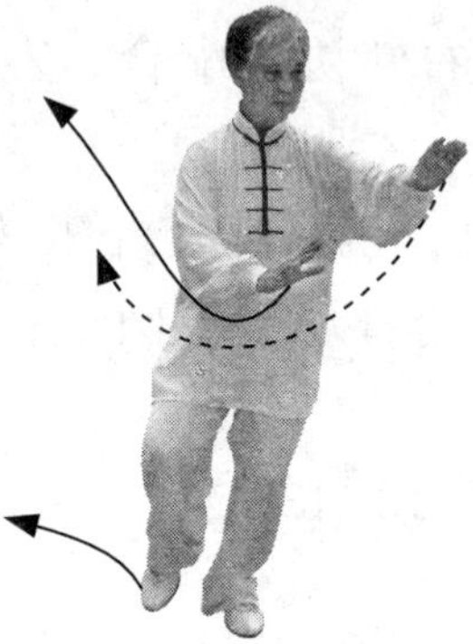

图 10-139

图 10-140

要领提示： 两掌右划握拳要与上体右转、右脚前上、重心前移成右弓步协调一致。两掌的运行路线是：随转体弓步两掌由左向下经腹前向右划弧变拳，右拳划至身体右侧，拳心向下；左拳举于右肋前，拳心向里，拳眼向上；目视前方。

图 10-141

（7）右弓步贯拳。（图 10-141）

要领提示： 贯拳要与上体左转协调配合，

右拳架于头的右侧上方，拳心斜向外，拳眼向下；左拳举于右胸前，两臂均呈半圆形，两拳眼上下相对；目视右前方。弓步时，要松腰松胯，上体中正。

要求：转身迈步要轻灵稳健，迈步时支撑腿要站稳（即重心完全移到支撑腿上）然后再迈步，先脚跟着地，再慢慢过渡到全脚踏实。左、右弓步贯拳要与腰的左右转换协调配合，左弓步的方向是正前方，眼看右前方，右弓步的方向是前方，眼看前方。

27. 右下势

（1）后坐撇脚、左转、摆臂勾手。（图 10-142）

图 10-142

要领提示：左拳变勾手，右掌屈臂左摆要与上体左转、重心后移左腿、撇左脚、蹬右脚成左侧弓步协调一致；随转体右拳变掌由前向上、向里弧形摆至右胸前，掌心向左，立掌，右掌不要超过身体中线；左拳变掌向下、向左后划弧变勾手，勾尖向下；眼看前方。

（2）屈膝下蹲成仆步，右转、前穿掌。（图10–143）

图 10–143

要领提示：左腿屈蹲成右仆步，上体右转，随转体右掌沿着身体中线偏右下划再顺着右腿内侧向前穿出，掌心向左，指尖向前；上体微前俯，两脚之间的横向距离不宜过宽，右脚脚尖与左脚脚跟在同一条直线上，注意敛臀坐胯，上体中正，忌上体过于前倾、低头、弯腰、凸臀；右掌前穿要与上体右转、左腿屈蹲、右腿伸直成右仆步协调一致。

28. 金鸡独立

（1）撇右脚、扣左脚、弓步挑掌后勾手。（图10–144）

要领提示：右掌上挑、左钩后背要与上体右转、重心前移、右脚尖外撇、左脚尖内扣成右弓步协调一致；

随弓步右掌向前穿举（挑掌），指尖斜向上，力在掌的拇指一侧，右臂与右腿上下相对，左勾背于背后，勾尖向上；到位时，松腰松胯，上体中正；眼看前方。

（2）提左膝，独立上挑掌。（图 10–145）

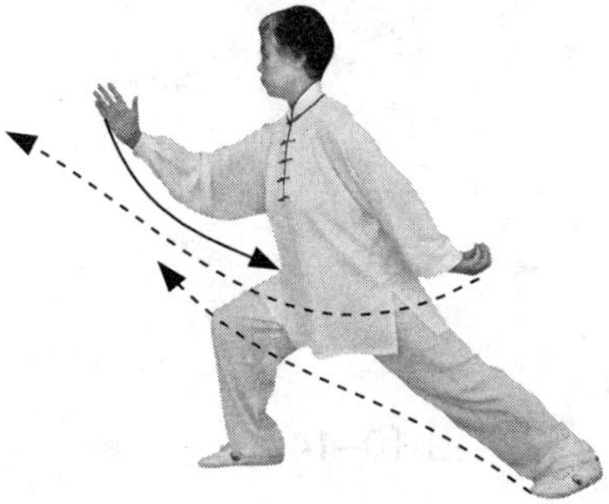

图 10–144

图 10–145

要领提示：右腿独立、左膝提起、左勾变掌上挑、右掌下按上下要协调一致；左膝的提起是在左掌向前上挑以腰带动左腿完成的。两掌的运行路线是：随提膝左勾变掌由后向下、向前弧形举于体前，臂微屈，掌心向右，指尖斜向上，左肘与左膝上下相对；右掌向下弧形按于右胯旁；定势时，立身要中正；眼看前方。

（3）落脚落手。（图 10–146）

要领提示：左脚与左掌同时下落，右腿屈膝，左脚随之落于右脚内侧；左掌下落按于体前，掌心向下，指尖向前；目视前方。

(4) 提右膝，独立上挑掌。（图 10–147）

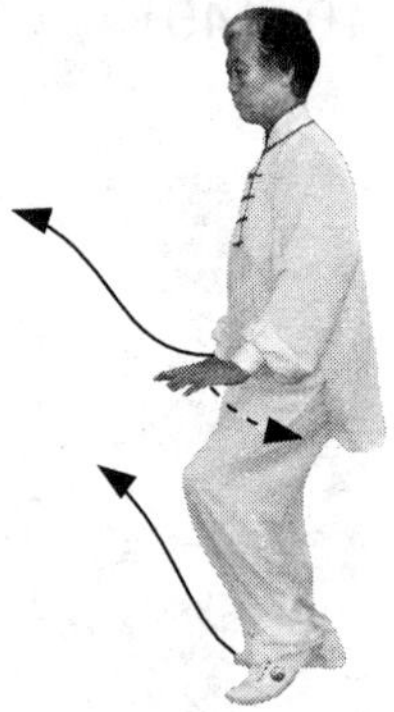

图 10–146

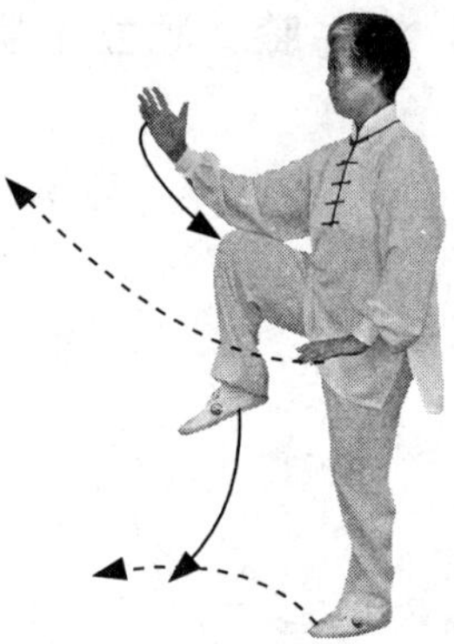

图 10–147

(4) 动与 (2) 动的要领提示相同，唯动作左右相反。

独立上挑掌要做到下盘稳定，立身中正：肘与膝合、肩与胯合、手与脚合。

29. 指裆捶

(1) 落步摆脚，右转，上步握拳。（图 10–148、图 10–148 附图）

要领提示：右掌划弧握拳（至右腰间）、左掌前拦（掌心向下）要与上体右转、右脚前落外摆、左脚上步脚跟着地协调一致，拦掌与右手握拳同时到位。随左腿屈膝，右脚向前落步，脚跟着地，脚尖外撇，右掌下落体前，掌心向下，随即重心前移，右腿屈膝，左脚向前迈步，脚跟着地；同时右掌向后划弧至身体右侧，右前臂外旋，右掌翻转握拳运至右腰间，拳心向上；左掌由左向前弧形平抹前拦，掌心向下，指尖向前；眼看前方。

(2) 左弓步打捶。（图 10–149）

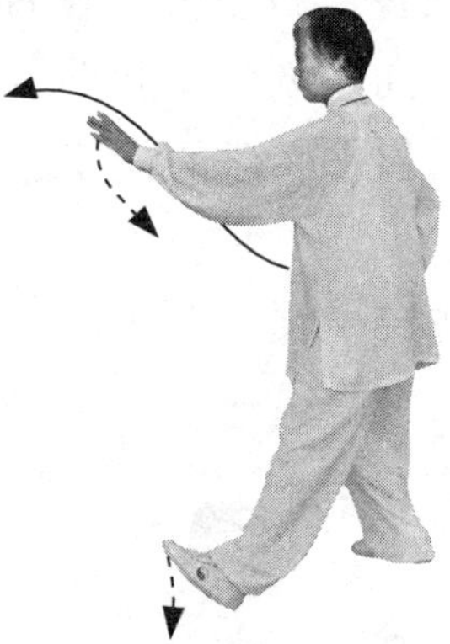

图 10–148

图 10–148 附图

要领提示：右拳前打、左掌搂按要与上体左转、重心前移成左弓步协调一致。随弓步右前臂内旋，右拳由腰间边翻转边向前打出，右臂要直中有屈，拳眼向上，拳高不过腹，低不过膝，低于膝叫击地捶；高于腹叫搬拦捶；左掌搂至左胯旁，掌

图 10–149

心向下，指尖向前。定势时，松腰、沉胯，上体中正；眼看前下方。

30. 揽雀尾

（1）撇脚、左转，收脚抱球。（图 10–150）

要领提示：抱球要与上体微左转、撇左脚、收右脚协调一致。随转体右拳变掌向下、向左划弧至腹前，掌心向上；左掌向左弧形上移，高与肩平，掌心向下，两掌心上下相对；眼看左掌。

（2）出步斜抱球。（图 10–151）

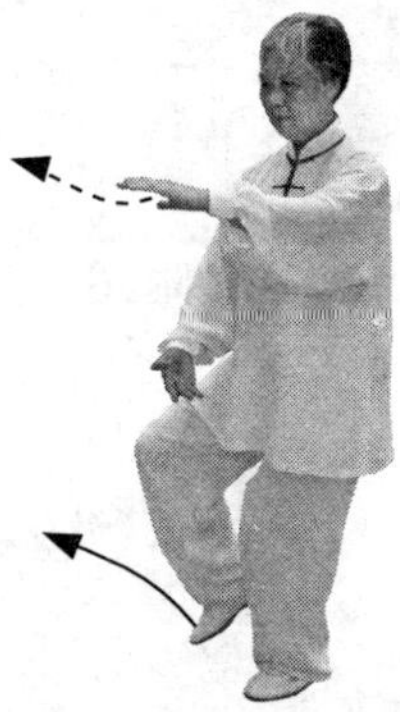

图 10–150

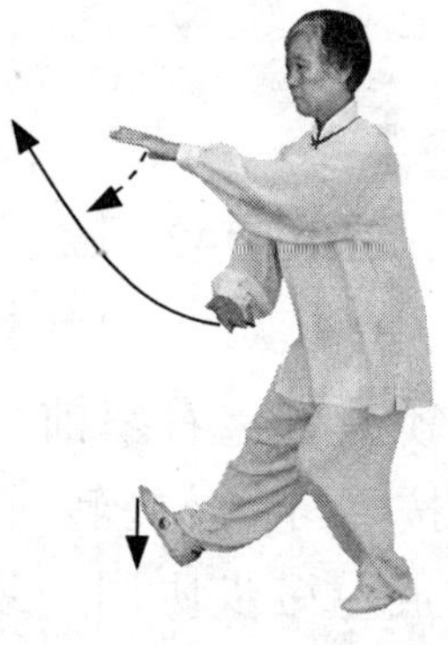

图 10–151

要领提示：两臂微内合要与上体微右转、右脚上步脚跟着地同步；右脚跟要轻轻着地，重心仍在左腿，上体保持中正，坐胯敛臀。随上步，两臂要微微内合，两掌上下斜相对；眼看左掌前方。

（3）右弓步前掤。（图 10–152）

（4）微右转，翻掌前伸。（图 10–153）

（5）后坐回捋。（图 10–154）

（6）右转搭手。（图 10–155）

图 10–152

图 10–153

图 10–154

图 10–155

（7）弓步前挤。（图 10–156）
（8）穿左掌、翻掌心向下。（图 10–157）
（9）分手、后坐、回引。（图 10–158）
（10）两掌下沉。（图 10–159）
（11）弓步前推按。（图 10–160）

图 10–156

图 10–157

图 10–158

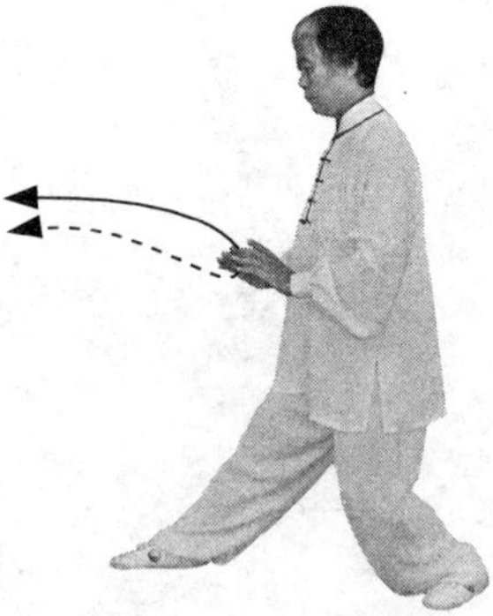

图 10–159

图 10–160

(3) ~ (11) 动与第二式揽雀尾 (7) ~ (15) 动的要领提示相同。

31. 单鞭

(1) 后坐扣脚、左转、两掌向左平抹。(图10–161)

图 10–161

（2）重心右移，向右平抹。（图 10-162）

（3）收左脚，右手变勾。（图 10-163）

（4）左转出步，左手平捋。（图 10-164）

（5）弓步前推掌。（图 10-165）

图 10-162

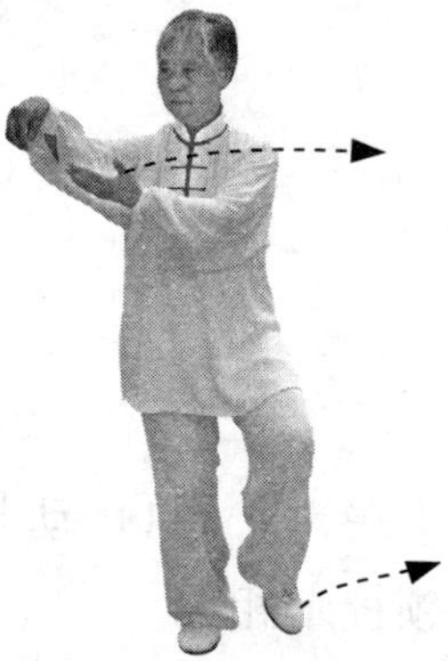

图 10-163

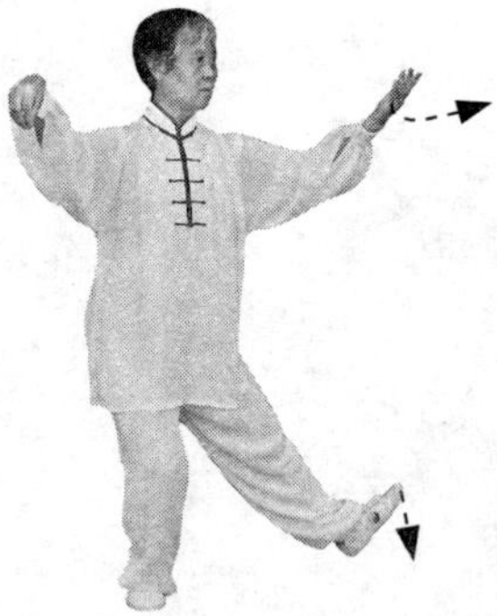

图 10-164

图 10-165

（1）~（5）动与 3 单鞭的要领提示相同。

32. 左下势

（1）右转撇脚、蹬左脚、摆掌。（图 10–166）

要领提示：左掌向上右划至左胸前要与上体右转、重心后移右腿、撇右脚、蹬左脚成右侧弓步协调一致；左掌由前向右划至左胸前，但不要超过身体中线；眼随手动。

（2）屈蹲、左转，仆步前穿掌。（图 10–167）

图 10–166

图 10–167

要领提示：做仆步时，左掌沿着身体中线偏左向下划，继而顺着左腿内侧向前穿出，掌心向右，指尖向前；上体微前俯，两脚之间的横向距离不宜过宽，左脚脚尖与右脚脚跟在同一条直线上，注意敛臀坐胯，上体中正，忌上体过于前倾、低头、弯腰、凸臀；左掌前穿要与上体左转、右腿屈蹲、左腿伸直成左仆步协调一致；眼随左手动。

33. 上步七星

（1）摆左脚、扣右脚、弓步挑掌后勾手。（图10–168）

要领提示：左掌上挑、右勾后背要与上体左转、撇左脚、扣右脚、重心前移成左弓步协调一致；到位时，左掌心向右，指尖斜向上，左臂与左腿上下相对；右勾背在背后，勾尖向上，松腰、沉胯，上体中正；眼看前方。

（2）上右脚，虚步十字拳。（图10–169）

图10–168

图10–169

要领提示：两腕相搭（成十字拳）要与重心前移、左脚尖外撇、右脚上步脚尖点地成右虚步协调一致；随上步右勾变掌由后向下、向前弧形抄举，两掌变拳，在胸前交叉，两拳背相对，右拳在外，拳心向外；左拳心向里；腋下要空，两臂要撑圆（有外撑之意），忌挺胸、弯腰、凸臀、耸肩或两拳过低；目视前方。

34. 退步跨虎

（1）撤步拳变掌。（图 10–170）

要领提示：两拳变掌与右脚后撤脚尖点地协调一致；目视两掌前方。

（2）后坐右转，两掌划弧。（图 10–171）

图 10–170

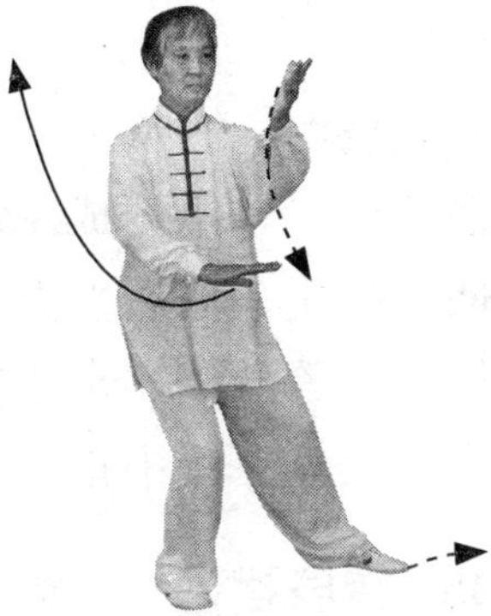

图 10–171

要领提示：左掌上划、右掌下划要与上体微右转、重心后移（上体后坐）协调一致；右胯里缩、松腰坐胯、敛臀；随转体后坐，左掌划至体前，掌心向右；右掌划至身体右侧，掌心向下；目视前方。

(3) 左转，虚步撑按掌。(图 10–172)

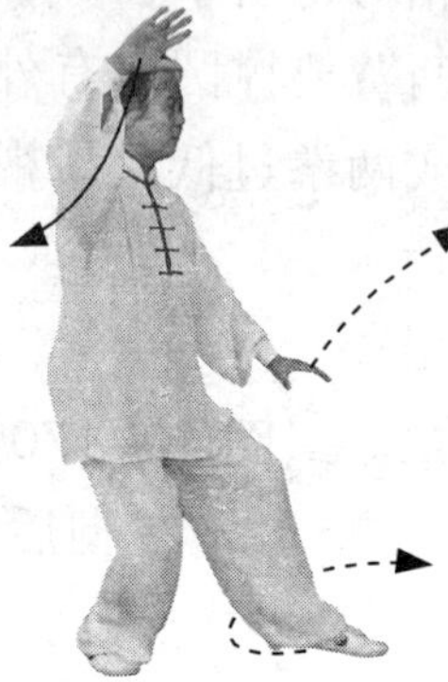

图 10–172

要领提示：右掌上撑、左掌下按要与上体左转、左脚微前移前脚掌点地成左虚步协调一致；随转体右掌外划，向上撑于头的右上方，掌心向外，指尖向左；左掌向下按于左胯外侧，掌心向下，指尖向前，两掌要有外撑之意，上体保持中正，忌挺胸或凸臀；目视前方。

35. 转身摆莲

(1) 右转、碾脚、摆臂。(图 10–173)

要领提示：左掌弧形右摆、右掌下划要与上体右转、碾左脚协调一致，随转体左掌向左、向前上方弧形举于体前，掌心向下；右掌由上向右、向下划至右胸前，掌心向下；上体右转时，以左脚掌为轴，脚跟外展，重心仍在右腿；眼看前方。

（2）重心左移、摆脚、两手划弧。（图 10–174）

图 10–173

图 10–174

要领提示：两掌随转体右划要与重心左移、右脚活步外摆脚跟着地同步，重心在左腿；眼随体转。

（3）右后转体，扣左脚穿右掌。（图 10–175）

要领提示：右后转体、左脚右迈内扣、穿右掌三者要同步；随转体左腿提起，左脚向右弧形迈步，脚尖内扣（脚尖尽量内扣）；右掌从左臂上侧弧形穿抹至体前，两掌心皆向下；眼随体转，目视右掌前方；重心仍在右腿。

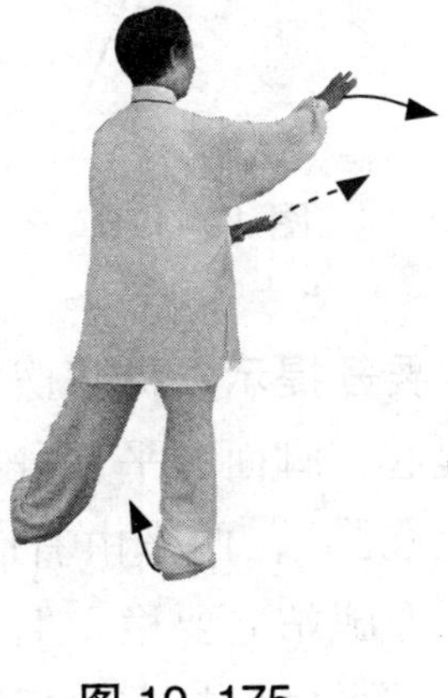

图 10–175

（4）碾脚，右转摆臂。（图 10–176）

要领提示：两掌右摆要与上体右转、重心左移、碾右脚脚掌着地协调一致；随转体两掌向右后平行摆动，右掌摆至身体右前方，掌心斜向下，指尖斜向上；左掌置于右前臂内侧，掌心斜向右；到位时，松腰、沉胯、敛臀，立身中正；眼看右掌。

（1）~（4）动要以腰为轴带动四肢运动，上下协调配合，动作要连贯，不要有断续处。

（5）微左转，提膝摆拍脚。（图 10–177）

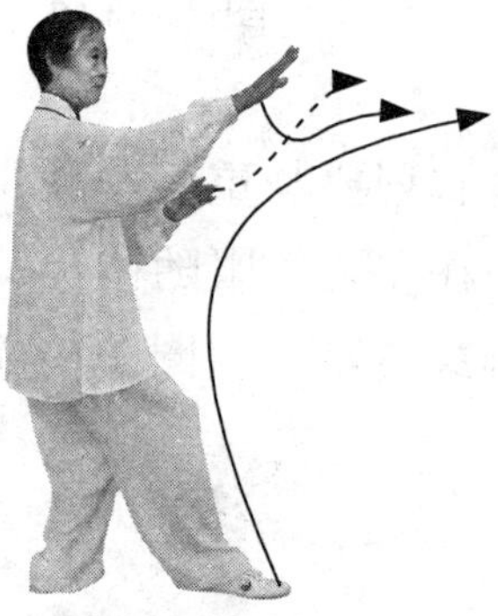

图 10–176

图 10–177

要领提示：提膝摆拍脚与身微左转同步；随转腰右腿提起，脚面绷平，自右向左再向右扇形摆动（不要直往上踢脚），两掌由右向左，左先右后依次连拍右脚两响，左腿站立要稳，上体中正，不得猫腰或凸臀，摆腿与两掌平摆拍打方向相反；眼看两掌。

36. 弯弓射虎

(1) 提膝摆掌。(图 10–178)

要领提示：右腿提膝收回，脚尖自然下垂，两掌左摆，掌心向下，立身中正，目视两掌。左腿站立要稳，提膝收腿与两手左摆要协调配合。

(2) 落脚右转，摆掌握拳。(图 10–179)

图 10–178

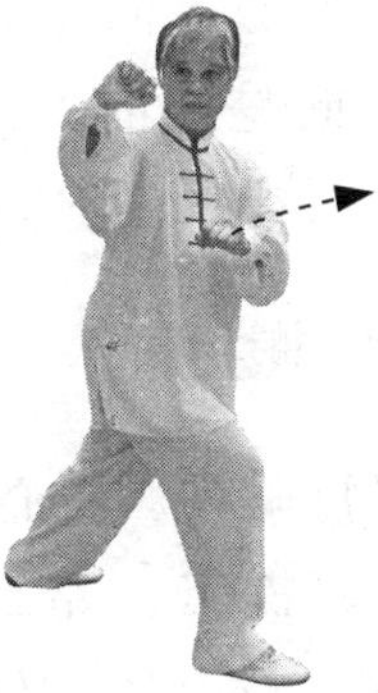

图 10–179

要领提示：两掌弧形右摆握拳要与上体右转、左腿屈膝、右脚下落重心前移成右弓步协调一致。两掌的运行路线是：随转体弓步两掌由左向下、向右弧形运转握拳，右拳摆至头侧，拳心向下，左拳摆至胸前，拳心向下；眼随手动。

(3) 右弓步架冲拳。(图 10–180)

要领提示：弓步与架冲拳同步；随上体微左转带动

两臂运作，右拳举于头前右上方，拳心向外，拳眼斜向下，右臂保持弧形；左拳由胸前向左前方打出，拳眼向上，臂直中有屈；转腰时不要向左扭胯和右膝内扣。定势时，要松腰、沉胯，上体中正；眼看左前方。

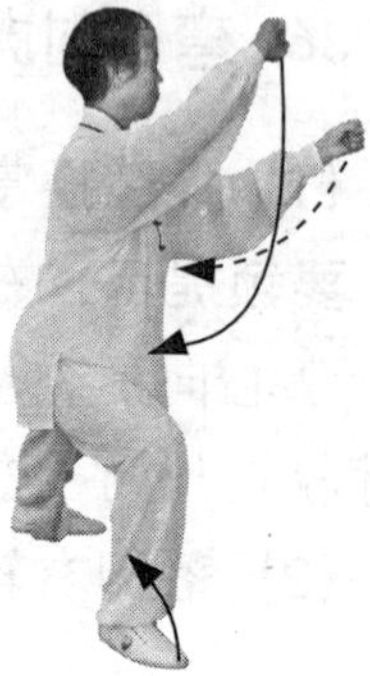

图 10-180

弓步的方向是右前方，冲拳的方向是左前方，左拳拳眼向上，右拳拳眼斜向下。

37. 搬拦捶

(1) 撇脚、重心左移，收脚收拳。（图 10-181）

要领提示：左拳变掌、右拳屈肘要与上体左转、重心左移、左脚尖外撇、右脚收回上下要协调配合，同时到位。随重心的移动，右脚收至左脚内侧（脚尖不点地），同时左拳变掌向下、向后、向上、向前划弧至体前，掌心向下，指尖向前；右拳向下、向里划弧收至腹前，拳心向下，拳眼向左；眼随手动。

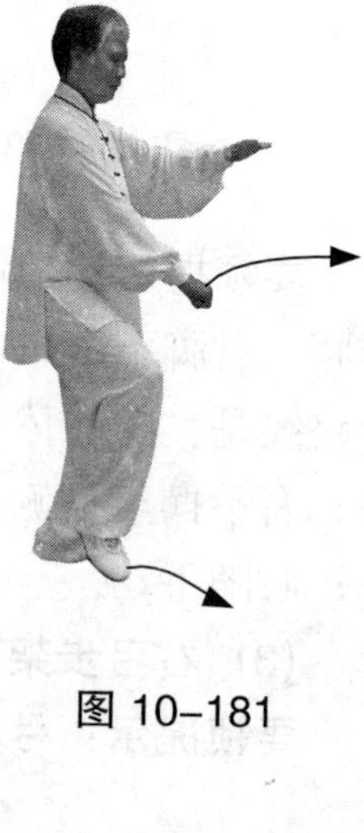

图 10-181

（2）右转上步，摆脚搬拳。（图 10-182）

（3）上步、收拳、拦掌。（图 10-183）

（4）左弓步打拳。（图 10-184）

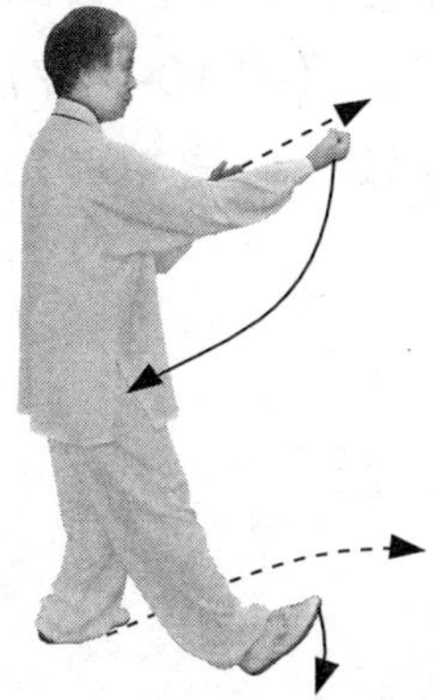

图 10-182

图 10-183

图 10-184

（2）~（4）动与 8 搬拦捶（3）~（5）动的要领相同。

38. 如封似闭

（1）穿左掌、松拳、翻掌心向下。（图 10–185）
（2）分掌、后坐、回引。（图 10–186）
（3）两掌下沉。（图 10–187）
（4）左弓步推按。（图 10–188）

图 10–185

图 10–186

图 10–187

图 10–188

此式与 9 如封似闭要领相同。

39. 十字手

(1) 后坐扣左脚，右转摆掌。(图 10-189)

要领提示：右掌右摆要与上体右转、重心右移、右腿屈弓、左脚尖内扣同步，上下协调一致，上体保持中正，左脚尖尽量内扣，重心平移至右腿，右胯里缩。随转体右掌由左、向上、向右摆至体前偏右，掌心向外，指尖向上；眼随右掌动。

(2) 撇右脚，弓步分掌。(图 10-190)

图 10-189

图 10-190

要领提示：右掌右摆、两掌左右分举要与上体右转、撇右脚、右腿屈弓成右侧弓步协调一致；随转体弓步右掌分至身体右侧，掌心斜向外；左掌在身体左侧，掌心向外；到位时，身体不可前倾，上体保持中正，松腰、沉胯、敛臀，右脚尖的方向是右前方；眼看右前方。

（3）重心左移，两掌下沉。（图 10–191）

要领提示：两掌划弧下落要与上体微左转、重心左移、左腿屈弓、扣右脚成左侧弓步协调一致，上体仍须保持中正。同时两掌由两侧向下、向内划弧至两胯外侧，掌心皆向下，指尖斜向前；眼随手动。

（4）收右脚合抱。（图 10–192）

图 10–191

图 10–192

要领提示：随收脚两掌向下、向里划弧，两前臂外旋，两掌翻转，在腹前两腕交叉相叠，举抱于胸前，两臂撑圆，右掌在外，两掌心均向内；两手合抱时，沉肩垂肘，身体不可前倾、低头、弯腰或凸臀；右脚收至左脚旁，成小开立步，重心在两腿之间，要立身中正；目视前方。

40. 收势

（1）翻掌，两掌平分。（图 10–193）

要领提示：两臂内旋、两掌边翻转边前伸并向左右分开，掌心向下，与肩同宽、同高，速度应均匀，两肩松沉，两臂直中有屈，肘微垂；目视前方。

（2）垂臂，两手下落。（图 10–194）

要领提示：两手下落时要松肩垂臂，以臂带手缓缓下落于两腿外侧，掌心向内，指尖向下，腋下含空，两臂不可僵直；目视前方。

（3）并步还原。（图 10–195）

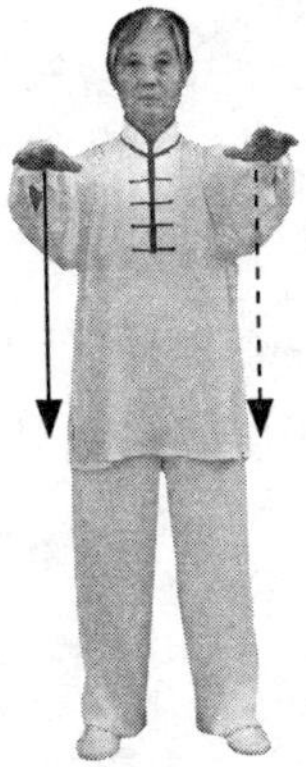

图 10–193

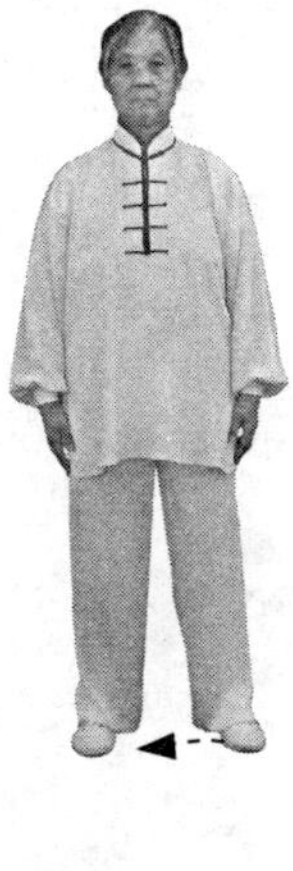

图 10–194

图 10–195

要领提示：左脚轻轻提起向右脚并拢，脚前掌先着地，随之全脚踏实，两脚尖皆向前，恢复成预备姿势；收左脚时，要做到“点起点落”“轻起轻落”。整个收势过程应全身放松，但不可松懈，要气沉丹田，呼吸顺畅，做到体静气和，心旷神怡，精神饱满，舒适自然。

收势后，不要马上走动，待呼吸完全平稳后再离开原地。

十一、附录

浅论行拳走架中如何做到身法正、上下随、意气通

太极拳是我国传统武术的一支奇葩。它集御敌、医疗、健身功能于一体，几百年来深受武林众人的青睐。新中国成立后，打太极拳又成为全民健身运动的主流。

太极拳的动作轻灵柔和，快慢相间，刚柔并济，舒展大方。迈步如猫行，运动如抽丝，蓄劲如张弓，发劲似放箭。静如山岳岿然不动，动若江河滔滔不绝，如行云流水，连绵不断。要达到这个水平，必须做到身法正、上下随、意气通。纵观晨练的人群中，不乏有艺高之人，但有很多习练者没有做到上述三点，有的甚至不明白身法正、上下随、意气通到底是怎么一回事，只是机械地跟着大伙伸手出脚、比猫画虎。所以在行拳走架中，往往会出现耸肩、驼背、锅腰、凸臀、歪头、斜颈、一字步、麻花步、双重腿等不良姿势。不但起不到防病治病、强身健体的作用，而且还练出了腰疼、腿疼、颈椎疼的毛病。笔者为他们“闻鸡起舞”的热情和执著精神所感动，也为他们的弊病而担忧，故撰文试纠之。

（一）谈身法正

行拳走架中，要想做到身法正，必须从预备势开始，立顶、微收下腭、松肩、垂肘、含胸拔背、松腰松胯、敛臀、目视前方，这都是练太极拳必须要知道的常识，勿需多谈。一旦行起拳来，一定要做到尾闾中正和内外三合，这是身法正的重要保证。只有尾闾中正，才能“立如秤准，活似车轮”，无论进退转换，才能稳健灵活、支撑八面。尾闾中正的一个重要标志就是腰脊要竖直，要保持“立身中正”。如腰不竖直，尾闾就无法中正，使之轴心不稳，不是前俯就是后仰，不是左偏就是右倚。腰为一身之主宰，能做到松腰松胯、气往下沉，两腿两脚才能有力，下盘才能稳固，腰腿才能灵活，动作才能随心所欲、舒展大方。

尾闾中正歌曰：“顺步出掌肘合膝，拗步出掌手合足，磨腰抽胯肩胯合，尾闾自然不偏倚。”这首歌诀要领强调了使尾闾中正的内外三合。所谓内三合，即“神与意合，意与气合，气与力合”。所谓外三合，即“手与足合，肘与膝合，肩与胯合”。内外三合实为表里，一主一副不能偏废。行拳时要做到神形兼备，每招每式都要做到以神领形，上身，眼随手走，手到眼到；下身，腰到腿到，身躯进退要相随，不偏不倚，上下要相照。如四十二式太极拳的单鞭，眼要随着左手从右腕的内侧，即右侧前方向左前方弧形缓缓移动，这是眼随手走。还有陈式太极拳的左蹬一根、右蹬一根，不但要手到眼到，还要腿到脚到。做到这些后，还要与内部的神、意、气上下运行，内外相合，形成周身上下内外“一动无有不动，一静无有不静”的统一协调运动。这样长期坚持，自然会中正安舒，心旷神怡，身轻气爽，达到治疗保健的效果。

（二）谈上下随

何谓上下随？拳论云：“腰通脊柱，上与两肩两臂相系，下与两腿两胯相随，上下贯通，手脚相济。其根在脚，发于腿，主宰于腰，形于手指，由脚而腿而腰，总须完整一气。”一举一动，眼必随之。也就是整个身法、步法、手法、眼法要有机配合，协调一致。上下相随要特别注意“主宰于腰”和“分清虚实”，否则上下歪斜，左右摇晃，转体不灵，整体动作不能协调。

太极拳处处是以腰为中心的动作，腰一动周身俱动。拳论云：“命意源头在腰隙，有不得机势处，其病必与腰腿求之。”太极拳的虚实变化，皆应由腰带动。俗话说：“练拳不练腰，终究艺不高。”只要做到以腰为轴有序转换，快慢相间，节节贯穿，开合有变，动作才能做到上下相随，周身一家。例如：简化太极拳二十四式中的云手、左揽雀尾、右揽雀尾、手挥琵琶，腰的转换就特别明显，都是用腰带动两臂运动的。陈式太极拳的披身捶、背折靠、青龙出水；吴式太极拳的玉女穿梭等，腰的带动也都很明显。

行拳走架中要想做到上下相随，还要做到虚实分明。也就是一定要弄清两腿的虚实变化，进而明了“虚中有实，实中有虚，处处都有一虚实的道理”。只要一动，就分虚实。实的一腿稳定扎根，支撑全身重量；虚的一腿才能进退自如，协调有序。这就需要平时多练太极步。练习时，上身不可挺拔起浮，腿不可摇晃僵直。前进时，脚不可前够；后退时，体重仍由实腿来支撑，不要出现体重随着退步同时后移，形成双重腿的现象。要时刻保持身体的中正稳定和动态平衡，不能上下起伏，忽高忽低，摇摆不定。上步时脚跟先着地，再脚心、脚掌、脚趾依次缓缓踏实；退步时脚尖先着地，再脚掌、脚心、脚跟依次缓缓踩实。由此可见，太极拳一招一式的变换和虚实的转变都是渐变，而不是突变，这样，细腻的动作才能做出来。如此苦练多日，两腿必然增劲，下盘自然稳固，上下自然相随。

（三）谈意气通

太极拳特别强调心静用意。拳论曰：“心为令，气为旗，神为主帅，身为驱使。所谓意气君来骨肉臣。”吴式太极拳的巧密柔化之功、陈式太极拳的缠抖刚发之力、杨式太极拳的圆满舒放之长、孙式太极拳的开合活步之妙，皆是以意行气，以气运身，跟意、气、神有着紧密的关系。行拳走架要思想集中，头脑清醒，排除杂念，以意识指导动作，意动形随，按照套路、规矩徐徐而行。动作的整个过程，哪怕是再小的动作也是由意念引导着进行的。势与势之间转换方向，变换步法，上下衔接，看似劲断，实则是劲不断意亦不断。但是用意又不能过强，那样会造成思想紧张，全身不能放松，上下不能相随，节节不能贯通。意要在有无之间，将用意融合于无意之中，所谓“心机入妙，终归于无心”。另外，还要做到用意不用力，如果用力则是拙力，会出现僵直呆滞，手脚不灵，动作失去柔劲和弹性，不利于增长内劲。

练太极拳重意不重形，但必须先求形似，再求神似；先求舒展，再求紧凑，由大圈到小圈，由小圈到无圈，要循规蹈矩，明规矩而守规矩。一招一式要仔细揣摩，把每一式的动作方向与作用真正弄懂弄清楚，并且做到位。高难度动作要苦练基本功，经过千锤百炼努力做到，这样才能达到形似。如何提高到神似呢?首先要做到心静体松，头脑冷静，自始至终以神领形，实中求虚，动中求静，悠悠哉而缓缓行拳之，待艺臻上乘之时，即可脱规矩而合规矩。

行拳走架要自然呼吸，一般不强调动作配合呼吸。虽然太极拳呼吸有“起吸落呼，蓄吸发呼，开吸合呼”的讲究，但是强求动作配合呼吸会造成“闭气”的毛病，影响放松，制约功力，此乃行拳之大忌。拳论云：“在意不在气，在气则滞。”就说明了这个道理。所以在行拳走架中，还是自然呼吸为好，但要做到细、匀、深、缓。只有一些特殊动作，比如陈式太极拳一路的掩手肱捶、青龙出水、左蹬一根、右蹬一根，陈式太极拳二路的裹鞭炮、穿心肘、窝里炮等，这些发力动作就需要呼吸配合来完成，才能像放箭一样，干脆、迅速、有力，不然劲力达不到，就打不出寸劲来。所以，像这些动作以配合呼吸为最好，其他均可以意领气、自然呼吸。待行拳纯熟时，呼吸自然会配合动作，使中气贯足，重心下降，体外舒展无压抑之处，体内顺畅无憋闷之感，这才是意气真正通了，才能达到“聚气凝神，形神统一”的境界。

另外，行拳走架是练基本功，推手则是应用。拳架中包含着技法，可用于推手，推手又反过来检验走架的正确性。二者相辅相成，具有异曲同功之效，可兼而练之。

总之，行拳走架中，只要做到身法正、上下随、意气通，太极拳水平就能上一个新台阶。但是“学拳容易改拳难”，长期形成的毛病是很难改正过来的，还望一些有这样或那样毛病的太极拳爱好者，也别忘记还有“功夫不负苦心人”这句至理名言，只要习练者下定决心，虚心向功深高手请教，刻苦用功，按正确的方法长期训练，一招一式反复练习，夏练三伏，冬练三九，持之以恒，必然会脱胎换骨，必能练出上乘功夫。最后，我们用一位太极拳老前辈的一首诗，作为本文的结束语：“姿势正确意集中，进退转换虚实明。动作协调体放松，前后连贯上下应。速度均匀像抽丝，举止轻灵似猫行。呼吸一任须自然，治疗保健太极功。”

图书在版编目（CIP）数据

四十八式和杨式四十式太极拳 / 成仁芬，刘月鹏编著.
- 北京：人民体育出版社，2018
（太极拳拳架一点通系列：2）
ISBN 978-7-5009-5177-3

Ⅰ.①四… Ⅱ.①成… ②刘… Ⅲ.①太极拳-基本知识
Ⅳ.①G852.11

中国版本图书馆 CIP 数据核字（2017）第 145749 号

*

人民体育出版社出版发行
三河兴达印务有限公司印刷
新 华 书 店 经 销

*

850×1168 32 开本 9.75 印张 183 千字
2018 年 1 月第 1 版 2018 年 1 月第 1 次印刷
印数：1—5,000 册

*

ISBN 978-7-5009-5177-3
定价：39.00 元

社址：北京市东城区体育馆路 8 号（天坛公园东门）
电话：67151482（发行部） 邮编：100061
传真：67151483 邮购：67118491
网址：www.sportspublish.cn

（购买本社图书，如遇有缺损页可与邮购部联系）